조선자본주의
★공화국★

DANIEL TUDOR
다니엘 튜더

JAMES PEARSON
제임스 피어슨

전병근 옮김

ViaBook Publisher

비극에서 일어난 역동성;
북한의 자본주의적 전환에 대하여

여러분은 북한의 일반 주민이 자본주의로 벌어먹고 산다는 사실을 아시나요? 북한 주민의 적어도 절반은 한국의 텔레비전 드라마와 영화, 대중가요를 보거나 들은 적이 있다는 사실은요? 북한 병사들이 서울을 파괴하려는 모의보다 평소 민간 건설 사업에 동원되는 경우가 더 많은 현실에 대해서는요?

최근 '북한학'이 일개 영세 산업이 되면서 북한을 다룬 수많은 책과 신문 기사, 다큐멘터리 등이 제작되기 시작했습니다. 하지만 불행하게도, 북한 사회가 오늘날 실제로 어떻게 작동하는지에 대한 내용을 평양 엘리트는 물론 일반 시민과 연관시켜 설명해 주는 매체는 드뭅니다. 북한을 다룬다고 하면 늘 김정은과 지정학 혹은 북한의 핵무기 프로그램에만 전적으로 초점을 맞추는 것이 자연스러운 일이 됐습니다. 그렇지만 그럴 경우에는 북한 사회의 최상층부와 밑바닥에서 일어나는 엄청난 내부의 변화는 놓치게 되고 맙니다.

이 책을 통해 지금 북한 사회가 대단히 역동적이라는 사실을 알게 되면 깜짝 놀랄지 모릅니다. 북한의 일반 임금 생활자들은 공식적인 일자리는 국영 공장에 두면서, 뇌물을 주고 일터에서 빠져나와 자신의 개인 사업을 벌일 수 있습니다. 중국 국경 인근의 여성들은 북한에서는 불법인 스키니 진을 입고 다닙니다. 평양에서는 대다수가 휴대전화를 갖고 있습니다.

북한에서는 부자든 가난한 사람이든 모두 한국의 대중가요를 즐겨 듣습니다. 북한 정부의 기대에는 정면으로 반하는 일이지요. 그리고 북한 사람들은 아시아의 다른 나라들과 마찬가지로 한국의 텔레비전 프로그램에 중독돼 가고 있습니다. 중국에서 들여온 DVD나 USB 메모리스틱, 초소형 SD카드를 통해서 말이지요. 한국의 방송물을 갖고 있다가 체포되더라도 대부분은 뇌물을 주고 풀려날 수 있습니다. 지난 20년을 전후해 확산된 뇌물 문화 때문에 북한은 극도로 부패한 사회가 되었습니다. 사실상 가장 돈에 굶주린 북한 사람들은 북한 사회에서 이념적으로 가장 '순수한' 구성원이라고 간주되는 엘리트 중에서 발견할 수 있을 겁니다.

북한에 대해 틀에 박힌 설명을 제시하는 사람들은 흔히 그 나라에서 오랫동안 고통받고 있는 주민들에게 기특한 동정심을 갖습니다. 하지만 그런 설명들은 북한 주민에게서 주체성을 박탈하고 마는 경향이 있습니다. 그럴 경우 북한 사람들은 인격이라고는 없는 만화 주인공처럼 축소되고 맙니다. 가령, 세뇌된 김일성 숭배자라거나 국가 안전 기구의 무기력한 희생자로 말이지요. 물론 그런 부분도 명백히 존재합니다. 그래서 우리는 북한 내에서 범죄와 처벌을 구성하는 것은 무엇인지에 대한 주제에도 한 개 장을 할애했습니다. 그렇지만 보통 북한 사람의 주된 관심사는 보다 일상적입니다. 북한 주민도 여느 곳의 사람들과 마찬가지로 돈을 벌고 자식을 잘 기르고 이따금씩 삶의 재미를 누리는 데 관심이 있다는 말입니다. 북한 사람들은 점점 이런 욕구들을 국가가 둘러친 우산 밖에서 만족시켜 가고 있습니다.

최근 북한에서 일어난 이 같은 사회 변화의 주된 원인은 사실 비극적인 것이었습니다. 1990년대 중반의 대기근 말입니다. 당시 최소한 수십만 명이 희생됐습니다. 대기근은 국가와 주민 간 유대를 크게 약화시키면서 북한 주민들이 각자 자기 살길을 찾게 만들었습니다. 그결과, 정부는 예전처럼 경제활동의 유일한 조정자로 군림하기보다, 이제 유사 자본주의 시장 경제로 변한 북한 사회에서 그저 한 부분을 차지하게 되었습니다. 책 전반에 걸쳐 대기근이 북한의 사회·경제적 변화의 동인으로 영향을 미쳤다는 사실을 깨닫게 될 것입니다.

한국 역사에는 재앙적인 사건이 거대한 사회 격변을 낳고, 나아가 미처 예상치 못한 진보를 초래한 사례가 있습니다. 예컨대 6·25 전쟁의 잿더미로부터, 능력 본위의 결의에 찬 국가 건설 세대가 생겨났습니다. 우리는 북한의 엄청난 비극인 대기근이 언젠가는 그와 유사한 진보의 박차로 비칠 날이 올 것으로 믿습니다.

한 가지 유의 사항

북한에 대해 보도할 때 언론으로서는 피할 수 없는 큰 도전을 받습니다. 믿을 만한 통계가 부족하다는 사실입니다. 평양 시내의 행인에게 김정은에 대한 의견을 묻고 정직한 답을 얻을 수 있는 기회는 대단히 드뭅니다(해외에 사는 북한 사람과 소주 한 병을 나눠 마시는 경우에는 그럴 가능성이 커지긴 합니다만). 그럼에도 불구하고 우리는 할 수 있는 한 최선을 다해 되도록 정확한 초상화를 제시하려고 했습니다. 이를 위해 신뢰할 만한 전문가의 의견을 듣는 한편, 북한 사회의 상이한 계층에 속한 정보원에게서도 이야기를 들었습니다. 지금도 북한 '내부'에 있는 평양의 엘리트 성원 및 연령·지리적 출신·탈북 시기가 서로 다른 여러 탈북자와 외교관들, NGO 활동가들, 그리고 북한 국경에서 차로 40분 거리에 있는 중국 옌지(延吉) 같은 접경 지역에서 교역을 하거나 탈북을 알선하는 사람이 여기에 포함됩니다. 아울러 영어와 한국어, 중국어로 된 자료도 활용했습니다. 이 책을 쓰는 과정에서, 세 명 이상의 신뢰할 만한 취재원을 통해 확인되는 주장만을 믿을 수 있는 것으로 간주했습니다. 물론 독자들은 우리와 다른 기준을 가지고 있을 수 있습니다.

따라서 우리는 이 책을 북한에 대한 결정판이라고 제시하는 것은 아닙니다. 독자들도 그런 기대는 갖지 말았으면 합니다. 누군가 작은 책 한 권을 들고 와 이게 오늘날 미국의 전부를 말해 준다고 주장하더라도 그걸 종결자로 여기는 사람은 아무도 없을 것입니다. 우리의 바람 같아서는 여러분이 이 책을 현대 북한의 생생한 실제 이야기, 즉 북한의 리더십뿐만 아니라 그곳에 사는 2500만 주민의 삶의 극적인 변화상에 대한 정보가 담긴 입문서로 봐주었으면 합니다.

북핵에 가려진 북한의 일상

이 책의 영어 원서인 『North Korea Confidential』이 출간된 지 2년이 지났습니다. 그동안 북한과 관련해 많은 일들이 일어났는데, 우리의 관심을 끌기에는 충분했지만 정말 경천동지할 만한 일은 없었습니다. 북한에서 시장화라는 눈덩이는 계속해서 무게와 속도를 더해 가, 급기야 북한이 한국과 같은 '재벌 및 대기업의 나라'가 돼간다는 진단이 나올 정도가 됐습니다.

군부가 소유한 고려항공은 이제 콜라와 통조림 등의 가공식품을 생산하고 평양 시내에서 택시 서비스 사업도 벌입니다(평양에서 다른 일곱 개 기업과 요금 경쟁을 벌이고 있지요). '내고향'이라는 이름의 재벌 기업은 실소유주가 누군지 아직 확인되지 않고 있는데, 북한 내수용 담배(김정은이 즐겨 피운다는 고급 브랜드 '727'을 포함하여)를 생산할 뿐만 아니라 '아침'이라는 브랜드로 이란에 수출까지 합니다. 이 회사는 제빵 업체도 소유하고 있고, 여성 위생 용품과 스포츠 의류도 생산하지요.

이런 대기업화는—대부분이 중국제인—수입품에 의존하는 대신 국내 생산 비중을 늘리라는 김정은의 개인적 지시를 반영한 것입니다. 현재 북한에는 담배와 주류를 제외하고는 수출할 만한 수준에 이르는 상품이 거의 없습니다. 지금 북한의 산업 상황을 한국의 발전 단계에 비유하자면 박정희 정부의 수출주도성장 시대보다는 이승만 정부의 수입대체산업화 시대와 유사합니다.

북한 내에서 판매되는 상품이 정부 공식 가격이 아닌 실제 시장(장마당) 가격에 따라 거래되는 상황도 주목할 만합니다. 평양 시민은 이제 서울이나 런던 시민과 마찬가지로, 시간당 북한 돈 3,000원이면 시에서 운영하는 공용 자전거를 빌려 탈 수 있습니다. 공식 환율로 계산하면 한국 돈으로 2만 5,000원이 됩니다. 터무니없는 가격이지요. 최고액권인 5,000원 지폐에서는 김일성의 얼굴이 지워졌습니다. 5,000원권은 이제 고액권이 아님을 암묵적으로 인정한다는 표시지요. 장래에 김일성 얼굴이 들어간 새로운 5만 원이나 10만 원 지폐가 유통되더라도 놀랄 게 없습니다. 실제로 그런 일이 일어난다면 북한 경제에서 중요한 전기가 될 것입니다.

은행 지점도 많이 생겼고, 현금이 아닌 지불 방식도 선택할 수 있게 됐습니다. 신용카드는 아직까지 없지만 몇몇 은행이 직불카드 서비스를 두고 경쟁 중입니다. 휴대전화 서비스 시장에도 고려링크와 경쟁하는 '별'이라는 이름의 회사가 등장했고요. 평양에서는 휴대전화가 없는 젊은이가 '루저'로 취급받는가 하면, 사회생활을 즐기기도 어렵게 돼가고 있습니다.

국가는 원활한 전력 공급에는 여전히 실패하고 있습니다. 하지만 다행히도 태양광 에너지 가격이 하락하면서 이제는 일반 주민이 쓸 수 있을 정도가 됐습니다. 북한의 공개 시장인 장마당에서 30달러 정도만 주면 누구라도 태양광 집광판을 사서 발코니에 설치할 수 있습니다.

그 결과, 이제 밤이 돼도 평양이 암흑천지로 변하는 일은 더 이상 없습니다. 물론 서울의 야경에 비할 수는 없지요. 오히려 멀리서 보면 마치 동해의 밤바다 위로 오징어잡이 배가 떠 있는 광경과도 같습니다. 책을 쓰기 시작했을 때만 해도 평양에서 태양광 패널을 찾아보기란 어려운 일이었는데, 지금은 평양 시내 많은 가구에서 하나씩 가지고 있는 것으로 보입니다. 불과 1년 사이에 일어난 변화입니다.

이런 추세를 관찰하다 보면 결국 북한이 통제력을 잃고 말 것이라는 결론으로 비약하기 쉽습니다. 하지만 국가 차원의 정말 중요한 부분에 대한 통제, 즉 정치적 복종과 3세대에 걸친 김씨 가문의 통치에 대한 숭배는 철저히 유지되고 있습니다. 북한 주민이 국가의 우산 밖에서 어떤 식으로든 집단적 모임을 조직하는 건 여전히 생각하기 어려운 일이지요. 처벌은 이전 어느 때보다 혹독하고, 예컨대 중국으로의 탈출이나 국경 지대의 불법 전화 통화도 예전에 비해 더 힘들어졌습니다.

하지만 이러한 사실들은 우리가 일관되게 주장해 온 논점을 뒷받침해 줍니다. 즉, 김정은은 북한의 밑바닥에서부터 일고 있는 경제적 변화에 대응할 수밖에 없다는 사실입니다. 여전히 이 젊은 지도자는 시장을 그냥 방관하는 것과 자신의 정치적 통제력을 유지하는 것 사이에서 쉴 새 없이 균형을 유지해야만 합니다. 이런 점을 감안하면 그는 개혁가일 수밖에 없습니다. 비록 정치적 문제에 대한 발언을 앞세우는 북한 인권 운동가와 반체제 인사 들은 김정은이 외국 매체와 일부 자유 기업을 단속하고 있다는 사실을 들어 그가 '테러의 통치'를 벌인다고 생각하지만요.

북한 지도부가 자기 이익을 위해 기술 변화를 받아들이고 있다는 새로운 증거도 있습니다. 요즘 고려링크 휴대폰 사용자들은 운영시스템(OS) 업데이트를 의무적으로 실행해야 합니다. 외국 매체 뉴스의 배포를 제한하기 위한 조치인데, 이때는 디지털 인증 기술을 사용합니다. 그중에는 정부 인증 태그가 포함되지 않은 매체 파일은 일체 열 수 없도록 하기 위한 것도 있고, 경우에 따라서는 휴대전화 안에 들어 있는 파일 중 인증되지 않은 것이 있으면 모두 인증하도록 지시하는 것도 있습니다. 이때는 가령 어떤 파일을 SD 카드에 복사해 친구에게 전달하고, 이 친구가 다시 다른 친구에게 전달하면 최종 수신자의 파일에는 중간에 거친 전달자 모두의 휴대전화 인증이 남아 있게 되는 거지요. 결국 이 최종 수신자가 체포되면 그 사이 전달 과정의 사슬에 속한 사람 모두 체포될 수 있습니다. 게다가 휴대전화가 자동으로 무작위 스크린샷을 찍기도 하는데, 보위부 요원은 여기에 접근할 수 있지만 사용자는 불가능하게 돼 있습니다.

인터넷은 아직 도입되지 않았습니다. 하지만 앞으로 수년 내 제한된 버전의 인터넷이 허용되더라도 그리 놀랄 일은 아닙니다. 김정은은 기술에 밝은 지도자로 보이고 싶어 합니다. 북한 내 온라인 콘텐츠를 차단하고 사용자를 감시하는 능력이 만족스러운 수준까지 숙달이 되면 지도부가 압박을 강화해 나갈 것이라고 보는 우려의 시각도 있습니다. 중국의 경우만 해도 인터넷이 반드시 민주화와 자유로운 정보 교환의 도구로 사용되는 건 아님을 보여 주지요. 사실, 인터넷은 경제성장을 촉발하고 대중을 즐겁게 해주는 동시에 국가가 국민을 지속적으로 감시할 수 있는 수단도 됩니다. 이 모두가 그야말로 김정은이 바라는 것이지요.

2년 전 우리는 김정은이 실질적인 권력을 갖고 있지만, 절대군주보다는 경쟁적 분파로 구성된 연합체의 지배자에 더 가깝다고 설명했습니다. 그때와 지금을 비교해 보면 김정은의 상대적 힘은 더 커졌다고 보는 것이 타당합니다. 이제 북한은 대륙간탄도미사일(ICBM)까지 갖춘 채 도널드 트럼프 미국 대통령과 맞상대하고 있습니다. 작금의 상황이 어떤 의미일지 생각해 보면, 김정은과 북한 체제가 조만간 사라지지는 않을 것이라는 우리의 믿음은 어느 때보다 커졌다고 할 수 있습니다.

이 책이 영미권에 처음 출간된 후 한국어 번역본이 나오지 않은 데는 이유가 있습니다. 한국 사람들은 몇 가지 사안을 제외하고는 북한에 대해 큰 관심이 없다고 생각했습니다. 그래서 이 책을 한국에서 내줄 출판사를 찾는 데도 큰 노력을 기울이지 않았습니다. 적어도 얼마 전까지는 그랬지요.

하지만 최근 북한의 핵 프로그램 진전 소식과 더불어 거의 연일 북한이 뉴스에 오르내리고 있습니다. 또한 미국에서는 트럼프 대통령이, 한국에서는 문재인 대통령이 각각 새로 취임하면서 북한에 대한 국제 사회 대응에도 변화의 조짐이 보입니다. 그럼에도 불구하고 한 가지 안타까운 사실은, 한국 내 언론 매체에는 여전히 북한의 일반 주민이 어떻게 사는지에 대해 보도되지 않는 것입니다. 우리는 북한 내부의 실생활이 어떻게 돌아가는지 한국 국민이 알게 되면 아주 많이 놀랄 것이라고 생각합니다. 믿기지 않는다면 이 책을 펴고 몇 페이지만 읽어 보시기 바랍니다. 우리는 그런 심정으로 이 책을 번역 출간해 줄 출판사를 다시 물색하게 됐고, 그 결과는 지금 여러분이 보시는 바와 같습니다. 모쪼록 북한의 실상을 이해하는 데 도움이 되었으면 합니다.

2017년 7월 서울에서

Daniel Tudor & James Pearson

차례

감사의 말

다니엘 튜더

북한을 취재하는 최고의 기자와 함께 이 책을 쓸 기회를 내게 준 제임스에게 감사한다. 또한 지난 수 년 동안 이런저런 모양으로 나를 도와준 몇몇 친구들과 다른 여러분에게도 감사하고 싶다. 그분들은 다음과 같다. 김남훈, 전수진, 강백수, Andray Abrahamian, Hannes Humala, 이지은, 박석길, 조은정, Geoffrey Cain, Chad O'Carroll, 이재웅, 송정화, 배진명, 강세리, 강경남, 한상혁, 김성령, 구영식, 손미나, 신지연, Geoffrey See, 곽혜인, 김용문, 양성후&김희윤, Bryan Harris, 이정미 의원, 이수진, 정영선, Shirley Lee, 곽혜인, 권주리, 김종혁, Monique Macias, 양정철, 구민정, 김보연, 윤서하, 이효재, 이윤정, 조현진.

제임스 피어슨

부모님과 아내 김효진, Doris Carding, David Chance, Tony Munroe, 로이터 서울 지국과 특히 동료들인 박주민, 이현영, 김영세, 김소영, 전 로이터 국장 Paul Ingrassia, 케임브리지 대학 동아시아학과와 특히 John Swenson-Wright, Mike Shin, Barack Kushner, 런던 대학 SOAS의 한국과 중국 연구자들, 특히 Jim Hoare, Michel Hockx, Xuan Li, 조재희, 연재훈, 이경은, 영국 한국학회 회원들, 나의 공부를 지원해준 영국 한국전 참전용사회, 한국국제교류재단, NK News Chad의 O'Carroll과 Gianlucca Spezza, 특별히 박석길, Simon Cockerell, Curtis Melvin, Michael Madden, Monique Macias, 그리고 너무 많아서 일일이 언급할 수 없는 가까이 혹은 멀리 있는 옛 친구들에게 감사한다. 이중 일부는 너무 위험할 수 있어 실명을 밝히지 못한다. 그리고 마지막으로 하지만 가장 중요한 감사의 말을 다니엘에게 전한다. 그의 제안 덕분에 내 인생을 바꿔놓은 이 프로젝트에 참여할 수 있었다.

첨언: 저자들로서는 감사를 표시하고 싶지만, 여러분도 충분히 짐작할 만한 이유 때문에 여기 실명을 언급할 수 없는 취재원들이 있다. 언젠가는 이들에게도 이 책과 함께 합당한 감사의 말을 전할 수 있는 날이 오기를 소망한다.

1장

북한, 시장을 만나다

North Korea Confidential

01

'공산주의'라든가 '집단화' 같은 딱지는 지금 북한 경제에 전혀 맞지 않는다. 개인 대 개인 시장이 번성하면서 여기에 크게 의존하고 있기 때문이다. 북한에서는 개인도 이제 이윤을 얻으려 사유재산을 사고판다. 최근 수년 사이에 사적인 거래가 널리 퍼져 최하층부터 당과 군의 엘리트까지, 북한 사회 전 계층에 스며들었다. 지금 북한에서는 자본주의에 이중의 잣대가 적용된다. 마치 빅토리아 시대의 영국이 섹스에 대해 그랬던 것처럼. 모두 다 그걸 하고 있으면서도 그게 존재한다는 사실을 공개적으로 인정하는 사람은 드물다.

북한에는 늘 어떤 형태로든 시장이 있었지만 근래 경제활동에서 국가의 공식적인 역할이 쇠퇴하고 있다는 사실은 이제 사적 거래가 북한에서도 유례없이 넓게 퍼져 있거나 심지어 필수적인 것으로 자리 잡았음을 뜻한다. 이유는 단순하다. 더 이상 국가가 과거에 그랬던 것처럼 국민을 먹여 살릴 수 없기 때문이다.

다시 설명할 테지만 1990년대 중반의 끔찍한 대기근이 일대 전환점이었다. 정부가 규칙적으로 배급하던 식료품은 이 기간 중에 거의 사라지다시피 했다. 상황이 회복된 후에도 이전 같지는 않았다. 그 시기를 살아남은 사람들이 당시 경험에서 얻은 교훈은 일종의 자조였다. 주체사상에서 말하는 자조가 아니라 무슨 수를 써서라도 살아남기 위한 자본주의를 통한 자조였다. 사유재산과 사적 거래는 여전히 불법이지만 대기근 이후 북한에서 경제를 지배하는 규칙은 단 하나다. 규칙을 따르지 말라는 것이다. 2010년 탈북자들을 대상으로 한 설문 조사에서 응답자의 62퍼센트가 북한에서 떠나오기 전 공식 직업 외의 다른 일을 해본 적이 있다고 답했다. 비공식 환전소를 이용한 암시장은 나날이 번성해 이제 이곳이 사실상 물가를 좌우한다. 이런 사정은 북한의 엘리트에게도 예외가 아니다.

시스템의 붕괴

1940년대 북한 정권이 수립된 이후 수년 간은 식량을 자급자족하는 게 가능했다. 공공배급제(PDS)하에서 농부들이 수확분의 다수를 정부에 납품하면, 정부는 주민에게 나눠 지급했다. 김일성이 통치하던 시기의 초·중반까지만 해도 부유하지는 않았지만 최소한 집단으로 굶어 죽는 일은 없었다. 국경 인근에 사는 나이 든 중국인들은 1960년대와 1970년대 북한 사람들의 생활수준을 부러워했던 것으로 알려져 있다.

사실상 북한 경제는 1950년대 후반부터 1960년대, 1970년대 초반까지 꽤 잘 굴러갔다. 1인당 국내총생산(GDP) 기준으로 봤을 때 북한의 계획경제는 1973년경까지 한국의 국가자본주의 모델보다 성적이 좋았다. 이는 부분적으로 역사적 환경 때문이었다. 즉, 북한이 만주와 중국에 인접한 덕분에, 식민지를 거느린 일본이 한반도에서 남쪽 지역은 농업을 통한 '식량생산기지'로 활용하고, 북쪽 지역을 산업화하기로 결정했던 것이다. 이에 북한은 한국보다 나은 형태의 산업 기반을 갖추고 유리한 형편에서 시작할 수 있었다. 이런 사정은 전쟁으로 파괴되고 분단된 국가를 재건하겠다는 국가 전반의 열정과 결합되면서 북한 경제가 초기에 고속 성장하는 데 기여했다.

북한의 초반 성공에는 또 다른 결정적 요인이 있었다. 옛 소련과 중국의 지원이다. 냉전 시기 내내, 북한은 중국과 소련 사이에서 양국을 영리하게 이간질해 이익을 취할 수 있었다. '사랑의 삼각관계'에서 교묘히 이득을 추구함으로써 고래들 사이의 새우 신세인 자신의 약점을 전략적 자산으로 활용했다. 나중에 후대 정권이 중국과 미국의 우려를 활용해 이익을 취한 능력에서도 반복된 이 전략 덕분에 북한은 중소 양국으로부터 지속적인 구호를 얻어 낼 수 있었고, 이는 국민의 식량배급제를 유지하는 데 도움이 되었다. 덕분에 북한 정부는 주민들이 이 모든 것을 김일성의 후덕함에서 나온 것으로 믿게 만들 수 있었다.[1]

1991년 소련이 붕괴한 후에도 북한은 다수의 예상과 달리, 살아남을 수 있었다. 이는 중국의 구호가 늘어난 덕분이기도 했지만 주민들이 그때까지 전반적으로 체제에 대한 신뢰를 유지했다는 사실과 관계가 있다.[2] 하지만 소련의 지원이 점차 줄어들다가 결국에는 완전히 끊기게 되면서, 그리고 김정일 집권 후 잦아진 경제 실정까지 더해지면서 북한은 위험에 처하게 됐다. 식량 배급량의 감소도 점차 상례화 됐다. 1987년과 1992년에 각각 10퍼센트가 줄더니 급기야 1990년대 초·중반에 와서는 식량배급제가 완전히 파탄나기에 이르렀다.

경제 상황은 이미 극도로 취약해진 상태였다. 북한은 1993년 식량 부족 상태에 빠져들고 있었다. 여기에 1994년과 1995년 연속해서 대 홍수가 일어나자 상황은 최악으로 치달았다. 약 150만 톤의 곡물이 소 실됐고, 사회 기반 시설의 상당 부분이 파괴됐다. 그 결과 북한은 발전 능력의 약 85퍼센트를 잃었다. 이에 북한 정부는 전례 없는 압력하에 놓이게 됐다. 1994년과 1997년 사이 기본 배급량은 하루 450그램에 서 고작 128그램으로 삭감됐다. 이 기간 동안 북한 정부는 주민 다수 의 눈에 주요 식량 공급원으로 군림하던 존재에서 인구의 불과 6퍼센 트에게만 혜택을 주는 공급원으로 전락하고 말았다.

그 결과로 일어난 것이 1994년과 1998년 사이의 심각한 대기근이 었다. 당시 20만 명에서 많게는 300만 명까지 북한 주민이 희생된 것 으로 추정된다.[3] 북한 정부는 이 참사를 '고난의 행군'이라고 부른다. 이 명칭은 김일성이 청년 게릴라 전투원 시절에 전개했다는 전설적 전 시 운동의 이름에서 따온 것이다. 북한의 국가 경영 대실패, 즉 김일성 이 목표로 삼아 행군했던 사회 경제 체제를 사실상 끝장낸 참사가 그 런 이름으로 포장됐다는 사실이야말로 어두운 역설로 보일지 모른다.

대기근으로 인한 북한 사회의 아사 규모는 끔찍했다. 내륙과 농촌 지역의 피해가 가장 컸다. 하지만 기근으로 인한 집단 사망은 북한 전 역에 걸쳐 일어났다. 중소 도시, 대도시 가릴 것 없었다. 정부는 주민을 구제하지 못했고, 결정적으로 주민 각자가 자력으로 살길을 찾아야 했다. 평양의 명망 있는 대학의 교수들조차 먹고살기 위해 하급 시장 활동에 의지해야 했다.[4] 그리하여 아내와 함께 붐비는 기차역이나 대학교 밖에서 밀가루와 물로 빚어 만든 싸구려 수제비를 팔고, 또 다른 평양의 중간 엘리트는 집에 소장하고 있던 물건을 암시장에 헐값으로 내다 팔았다.

대기근이라는 참사는 그런 식으로 북한 사회에 시장화의 씨앗을 뿌렸다. 이제는 핵심 엘리트만이 식량 배급에 의지해 살 수 있게 된 것이다.[5] 살기 위해 거리의 행상인으로 나선 대학교수들과 마찬가지로, 오늘날 북한 주민의 다수는 생계를 유지하기 위해 경제적으로 이중적인 생활을 꾸린다. 비극적인 필요에서 생겨난 변화가 오늘날 북한 보통 주민의 삶에 중요한 영향을 미쳐 발전을 이끈 셈이다. 그 덕분에 주민들은 그나마 어려운 상황을 견뎌 낼 수 있었다.

결정적으로 이와 함께 북한 여성들은 대기근을 거치면서 가정주부 이상의 역할을 맡을 수 있는 힘을 가지게 됐다. 이 과정에서 많은 여성이 북한 가정의 실질적인 부양인이 되었다. 시장에 좌판을 내고 음식을 팔고 영세한 수출입 사업에 종사하거나 가정집을 시간제로 연애 커플에게 임대하는 것도 대부분 여성의 일이다. 이 모든 것은 역으로 북한 사회에서 차지해 오던 여성의 역할에 극적인 영향을 주고 있다. 심지어 이혼율에도 영향을 줄 정도다. 전통적으로 북한은 한국에 비해 남성 우월주의적이라 여겨졌다.[6] 이론적으로는 성평등을 추구하는 것으로 보이는 공산주의가 북한에 상륙한 후에도 이곳 여성은 관례적으로 남성의 딸이나 아내, 어머니였다. 하지만 이제는 여성도 독립적인 힘을 갖게 된 것으로 보인다. 과거만 해도 여성이 일상어에서 남성을 향해 반말을 쓰는 일은 드물었다. 반대로 남성은 여성에게 종종 반말을 했다. 이런 관습은 이제 힘을 잃어 가고 있다.

원화와 위안화의 병용

　　북한 정부는 새로운 경제 질서에 대해 복합적이면서 곤혹스러운 관계를 이어 가고 있다. 지금 자본주의를 근절하면, 이전의 중앙계획경제와 식량배급제가 실패한 사실을 감안해 봤을 때 또 다른 기근이 닥칠 가능성이 크기 때문이다. 게다가 북한 정부의 많은 내부 인사까지 개인적 부를 생산하기 위한 수단으로 사적 거래를 활용하고 있는 실정이다. 만약 전면적인 시장 개혁을 끝까지 추진한다면 엄청난 사회·경제적 변화를 초래하고 결국에는 정부의 지위까지 위협하는 결과를 낳을 수도 있다.

　북한에 개혁 성향의 공무원이 전혀 없는 것은 아니다. 하지만 최고위층에는 변화에 대한 본능적인 두려움이 존재한다. 북한 엘리트층의 일원이 볼 때 완전한 경제 자유화라는 것은 결국 지금 자신들이 누리는 특권과 같은 생활을 수감자 혹은 사형을 선고받는 수형자, 좀 더 평범하게는 서울의 택시 기사의 삶과 맞바꾸는 것으로 이어질 수도 있음을 뜻하기 때문이다.[7]

　그렇다 보니 중국식의 통제 노선은 물론, 경제개혁을 위해 정치 이념을 포기했다가 혼란에 빠진 동유럽의 노선도 원치 않았던 북한 정부로서는 민간 시장 활동의 발흥을 통제하는 데 온 힘을 쏟아 왔다. 이따금씩 시장을 급습해서 단속한 것이 그런 사례다. 그중에서도 가장 둔탁한 단속이 시행된 것은 2009년이었다. 그해 11월 북한은 공식 화폐인 원화에 대해 모든 지폐 액면가에서 마지막 두 자리의 0을 없애는 화폐개혁을 단행한다고 발표했다. 이에 따라 1,000원짜리 구 지폐는 새로운 10원짜리 지폐로, 다른 화폐도 마찬가지로 신권으로 교환해야 했다. 주민에게는 일주일의 환전 시한이 주어졌다. 이로써 은행에 들어 있는 예금 10만 원은 하루아침에 1,000원이 돼버렸다.

북한 정부가 화폐개혁을 단행한 의도에 대해서는 여러 추측이 있을 수 있지만, 이 조치는 사적 시장 거래에서 생겨난 부의 가치를 떨어뜨리고 그 돈을 가로채기 위한 포석이었다. 주민 한 사람이 최대 10만 원(당시 암시장 환율에 따르면 30~40달러 정도 된다)까지만 환전할 수 있도록 허용한 것을 보면 알 수 있다. 이보다 많은 돈을 가진 사람은 누구나—개인 사업에 관여한 사람은 자연스럽게 그리됐을 텐데—자기 재산이 삭감되는 것을 속수무책 보고 있어야만 했다.

이러한 조치는 정부 관리에 대한 분노로 이어지는 것처럼 보였다. 분노의 강도는 북한에서 한동안 볼 수 없던 수준이었다. 10만 원 상한선이 결국 현금 15만 원, 예금 30만 원으로 상향 조정됐지만 이로써 여론의 불만을 막을 수 있는 것은 아니었다. 중국 신화통신은 북한 주민 사이에 '집단 패닉'이 일었다는 내용을 보도했고, 다른 매체는 화폐개혁에 대한 항의의 표시로 구권을 쌓은 더미에 불을 질렀다는 기사를

싣기도 했다. 만약 보도 내용이 사실이라면 화폐에 불을 질렀다는 것
은 특별히 주목할 만한 사건이다. 100원, 1,000원, 5,000원 지폐를 불
태운다는 것은 필연적으로 거기에 그려진 김일성 초상화를 훼손하는
행위까지를 포함하기 때문이다.

민간 시장에서 거래해 온 일반 시민의 분노가 증폭된 것은 북한 전
통 엘리트들이 자산을 다른 화폐, 특히 중국 위안화로 보유하는 경향
이 있다는 사실 때문이었다.[8] 북한의 원화는 화폐개혁이 단행되기 전
에도 사람들이 크게 신뢰하지 않는 돈이었다. 자신이 벌어들인 수익
을 외국 화폐로 보유하고 있던 사람들도 마찬가지였다. 중국을 상대
로 절반은 공적이고 절반은 사적인 교역을 수행하던 공무원이 그런
경우였다.

하지만 이번 화폐개혁도 장기적으로는 북한 주민을 국가 경제 통제
의 궤도에서 한층 더 벗어나게 하는 결과를 낳았다. 이제는 일반 주민
도 위안화나 다른 외국 화폐를 부의 축적 수단으로 찾는다. 정부와 공
식 화폐인 원화를 신뢰하지 않고, 장래에 다시 닥칠지 모르는 정부의
화폐개혁(평가절하)과 무능의 결과에서 자신을 지켜 줄 위안화로 거래
하고 저축하는 법을 알게 됐다. 그 결과, 북한 시장 거래의 다수는 현
재 외국 화폐로 이뤄지는 것으로 추정된다. 그중에서도 북한 주민이
가장 선호하는 화폐는 위안화다.[9]

사정이 이렇다 보니 북한의 비공식적인 암시장에서 원화의 가치가
점점 떨어지고 있다는 사실은 하등 놀라울 게 없다. 정부의 공식 지정
환율로는 1달러가 96원이지만 실제 환율은 2013년 기준으로 약 8,000

원에 이르렀다. 몇 년 사이 원화에 대한 신뢰가 추락하면서 극적으로 뛰었다. 주목할 만한 사실은 심지어 북한 은행들조차 암시장 환율에 이전보다 훨씬 가깝게 접근하고 있다는 것이다. 그 결과 은행에서도 종종 암시장 환율을 약간 밑도는 선에서 거래된다. 북한이 황금의 삼각지대라 선전하는 나선(나진-선봉) 경제특별구역에서도 2013년 10월 중순 당시 달러당 7,636원에 교환되고 있었다. 무산철광 같은 소수 국영 대기업의 노동자 월급도 인플레이션된 원화의 실제 가치를 반영하기 위해 2013년 9월 당시 월 3,000~4,000원에서 30만 원으로 늘어 있었다.

암시장의 원화 환율은 일반 상점과 식당에서도 통용되고 있다. 예컨대 평양의 장난감 가게에서는 농구공에 4만 6,000원이라는 가격표를 붙여 놨지만 아무도 이 보잘것없는 농구공이 400달러 이상의 가치를 지닌다고 생각하지 않는다. 이와 비슷하게, 백화점에서는 페퍼리지팜 쿠키와 허쉬 초콜릿, 페레로 로쉐 초콜릿, 쎄레스 포도주스 같은 서방의 유명 브랜드 제품을 공식 환율 가격으로 판매하지만, 실제로는 북한의 원화를 받지 않는다.[10] 중국에서 들여온 스포츠용품을 쌓아 놓은—아마 아디다스라는 상표 이름도 모르는—아디다스 전용 매장도 마찬가지다. 원화로만 살 수 있다면 이례적으로 낮은 가격에 해당할 것이다. 결국 물건에 표시된 낮은 원화 가치는, 물건을 살 때 외국화폐로, 그러니까 실제 가치를 반영한 달러 가격으로 지불해야 한다는 사실을 알려 줄 뿐이다.[11]

북한 원화가 이중 가치로 계산되자 재미있는 거래도 생겨났다. 아직 대중교통만큼은 공식 환율을 반영한 가격으로 제공되는 것이다. 승차권이 실제 가치보다 훨씬 낮은 가격에 팔린다는 뜻이다. 가령 평양지하철의 승차권은 5원이다. 공식 환율로는 미화 5센트에 불과하다. 실제 가치로 치면 공짜나 다름없는 가격이다.[12]

불행히 노동자 임금에도 똑같은 일이 벌어진다. 북한의 모든 노동자는 최소한 공식적으로는 국가에 고용돼 있다. 따라서 원화의 공식 가치에 맞춰 임금을 받는다. 가령 공무원은 월 1,000~6,000원을 받는다. 달러당 96원이라는 공식 환율로 계산해 봐도 이미 형편없는 수준이다. '현실' 암시장 환율로 계산해 보면 심지어 고위 관리조차 월 1달러도 안 되는 월급을 받는 셈이다.

이론적으로는 건강보험과 교육, 식량, 주택이 무상으로 제공되는 공산주의 체제 하에서 그리 적지 않은 수준이다. 하지만 우리가 아는 것처럼, 국가는 사실상 국민을 부양할 처지가 못 된다. 따라서 노동자와 그 가족은 생계를 위해 다른 방법을 찾고, 시장 거래를 통하거나 어떤 식으로든 돈이 되는 서비스를 제공하는 방법에 의존한다. 그 결과 북한에서는 광부부터 학교 교사에 이르기까지 모두가 어떤 식으로든 이중적인 경제생활에 종사한다. 현금 소득을 위해 부업을 하든가 여가 시간을 활용해 시장에서 수익을 올리는 식이다.

이런 현상은 제대로 기능하는 정부의 능력에 극도로 부정적인 결과를 초래한다. 정부가 지급하는 임금이 사실상 별게 아닌 것이 돼, 공식적인 본업에서 열심히 일할 동기가 아주 희박해지기 때문이다. 경찰은 뇌물 착복 기회를 위해 살아가고, 많은 국가 공무원은 근무지의 재산을 빼돌리거나 개인 목적을 위해 사용하는 방식으로 추가 소득을 올리려고 하는 것이다. 공장 노동자의 월급도 2,000원 정도에 지나지 않다 보니, 국영 공장에서 철로 만들어진 것이 다 밖으로 새어 나가거나 노동자가 공장에서 만든 물건을 착복해 사적으로 내다 판다는 이야기가 자주 보도된다. 공식 환율로 보면 공장 노동자는 정해진 월급만으로 라이터는커녕 담배 한 갑도 살 수 없기 때문이다.

장마당의 내부

북한이 이중환율제로 돌아가는 것과 마찬가지로 여기에는 사실상 이중경제가 존재한다. 하나는 국가가 정해 준 직장에서 일하고 국가에서 지급하는 월급을 받는 영역인 '공식' 경제, 다른 하나는 엄격하게 합법적이지는 않지만 폭넓게 통용되는 방식으로 돈을 버는 영역인 '회색시장' 경제다. 오늘날 북한에서 실제로 중시되는 건 회색시장 경제다.

불법이지만 용인되는 시장은 '장마당'이라고 불린다. 한국에서 옛날부터 써 온 단어인데, 말 그대로 '시장터'라는 뜻이다. 전통적인 한국 농민 시장에 뿌리를 둔 말이다. 장마당은 북한 시골 마을에서 사람들이 다니는 좁다란 비포장 길의 붐비는 교차 지점에서 흔히 볼 수 있다. 간혹 시장 활동을 위해 특별히 지어 올린 건물에서도 볼 수 있다. 그런 건물은 구글 어스의 위성사진에서도 찾아볼 수 있다. 가장 또렷하게 보인 사례가 중국 접경 도시인 신의주에 있는 푸른 지붕의 재하동 시장이었다. 불행히도 이 건물은 결국 철거되고 말았다. 하지만 그걸로 신의주 사업이 끝난 건 아니었다. 시장은 그 도시의 다른 지역으로 옮겨 다시 세워졌다.

장마당에 가게를 낸 사람은 자기 자리를 유지하기 위해 당 간부에게 자릿세를 내야 한다. 그런 식으로 국가도 시장화에 공모 역할을 한다. 일부 대형 시장은 사실상의 전자 등록제를 갖췄다. 이 시스템을 통해 누가 자릿세를 냈는지 추적할 수 있다. 그래서 새로운 고객을 찾는 상인들은 정부 관리의 감시를 피하기 위해 종종 산을 넘고 강을 건너거나 흙더미 계곡과 험로를 지나다니면서 상품을 손수 나른다. 관리에게 발각되면 장사를 금지시키거나 이윤의 일부를 요구할 가능성이 크기 때문이다.

전형적인 장마당의 가게 주인은 중하위 계층의 '아줌마', 즉 결혼한 중년 여성이다. 한국 문화는 신유교주의가 조선왕조에 뚜렷한 영향을 남긴 이래—현모양처를 이상적 여성상으로 생각하는 것과 더불어—남성 지배적이었지만, 농민들 사이에서는 남자가 아닌 여성이 시장의 물건을 사고파는 경우가 잦았다. 오늘날 한국에서도 할머니들이 길모퉁이에서 채소며 떡을 팔고, 비가 오는 날 우산이 가득 담긴 바구니를 들고 지하철역 밖에 모여 있는 것을 본다. 그렇게 본다면 북한 장마당의 장사꾼이 주로 여성이라는 사실이 놀랍지 않다.

아줌마가 장마당을 지배하는 데는 또 다른 이유가 있다. 북한에서 모든 성인은 작업조에 배속되어 형편없는 월급을 받고 국가에 봉사하도록 돼 있다. 하지만 결혼한 여성은 여기서 면제된다. 덕분에 여성은 자유롭게 시장 상인으로 일할 수 있다. 그 결과 여성은 남편이 버는 것의 몇 배나 더 벌 수 있게 됐고, 사실상 가계를 책임지는 역할을 맡게 됐다. 이와 함께 전통적인 부부의 역학 관계도 시험대에 오르게 됐다.

공식 직업을 갖고 있으면서 장사에 종사하는 사람도 많다. 남성이 여성을 거들어 장사를 돕는 것도 불가능하지는 않다. 단지 좀 더 어려울 뿐이다. 때때로 사람들은 진료를 받아야 한다는 핑계를 대고 몇 달간 작업반에 나타나지 않는다. 실제로는 다른 지역에 가서 장사를 하는 것이다. 모두가 그런 사실을 알지만 아무도 신경 쓰지 않는다. 장사를 하다 사업 기간이 끝나면 그 지역 부서에 보고한 후 '자아비판' 시간에 출두하거나 뇌물을 주고 정규 직장으로 다시 복귀한다.[13]

장마당 상인들은 무얼 팔까? 아마 예상할 수 있듯이 기본 생필품이 주를 이룬다. 북한 담배는 대단히 싸게 팔리지만 더 많이들 찾는 중국산과 러시아산 담배는 상표에 따라 2,000원(약 0.25달러)에서 2만 원(약 2.5달러)까지 받는다. 초콜릿 바는 3,000원선(약 0.38달러), 쌀은 1킬로그램에 약 5,000원(약 0.63달러)이다. 미 제국주의산 코카콜라는 구하기가 아주 쉬워 캔당 6,000원(약 0.75달러) 정도면 살 수 있다. 다른 나라 슈퍼마켓에서 파는 가격과 크게 차이 나지 않는다. 중국산 캔 맥주, 가령 칭다오나 하얼빈은 4,000원(약 0.5달러), 라면은 7,000원(약 0.88달러), 중국산 인스턴트커피 한 통은 1만 원(약 1.25달러) 정도 한다. 다만 북한 원화의 환율은 극도로 불안정하기 때문에 이 책을 읽을 때쯤이면 실제와 크게 차이가 날 수도 있다.

중년 여성이 작은 좌판에서 담배와 면류를 파는 모습은 그리 고상한 게 못된다. 하지만 이 여성들이 물건을 떼 오는 도매상들의 경제적인 머리를 과소평가해서는 곤란하다. 예를 들어 쌀장수는 북한으로 들어오는 구호선에 관한 정보를 미리 파악하기 위해 외국 라디오를—불법으로—모니터하기도 한다.[14] 화물이 제대로 순항 중이면 공급 물량이 늘어날 것이므로 시장가격은 내려간다. 이때는 다른 사람이 알기 전에 미리 팔자 경쟁이 시작된다. 만약 비료가 대대적으로 공급될 것 같은 경우에도 비슷한 영향이 시장에 미친다. 쌀 생산이 늘어나는 효과를 가져올 것이기 때문이다. 쌀은 북한 주민의 삶에서 결정적으로 중요하다. 그래서 과거와 마찬가지로 쌀 가격에 대한 관심은 지금도 대단히 높다. 국가가 생산하는 쌀 물량이 아직 충분치 않기 때문에[15] 부족분은 구호물자나 수입 물량을 통해 메울 수밖에 없다.

장마당에서 물건을 사고파는 일은 이제 북한 전역에서 일상적인 모습이 됐다. 국가의 통제와 정부에 대한 충성도가 가장 높은 평양에서조차 사실상 모든 가족의 어느 누군가는 장마당 활동에 관여한다. 이따금 여행 안내원도—의심의 여지없이 정부의 신임을 받는 사람인데도—외국 방문객에게 그런 사실을 시인한다. 가족 중 장마당 활동에 관여하는 사람이 있다거나 최소한 자신도 장마당에서 장을 본다고 이야기한다. 본인이 직접 물건을 팔지는 않는다 해도 물건을 나르거나 조달하거나 이런 모든 일이 순조롭게 진행될 수 있도록 관리에게 뒷돈 주는 일에 관여할 수도 있다. 따라서 표면적으로는 아줌마가 사업의 얼굴마담일지 몰라도 친척이나 친구가 뒤에서 도와주고 있을 가능성이 크다. 이들이 장마당 가게의 '지분'을 갖고 있는 경우도 있다. 실제 장마당 가게의 다수는 자릿세를 걸고 지분도 사들이기 위해 여러 사람이 공동출자한 자본으로 차려진 것이다.

심지어 장마당 상인이 아니면 오히려 위험할 수 있다. 개인 사업에 적극 뛰어들지 않는 중산층 및 고소득층 가정이 있다면 가정 내에 보다 위험한 소득원이 있는 것으로 간주돼 당국의 조사를 받을 위험이 있다. 가령, 한국에 사는 탈북자 친척에게 송금을 받는다고 의심받을 수 있다. 실제로 재산이 있는데 사업 이익은 불분명한 이웃 주민을 당국에 신고하는 사례가 적지 않다. 이에 의심을 피하기 위해 자본주의 활동에 참여하는 척하는 모습마저 보이는 역설적인 상황도 벌어진다.

돈의 발자국을 따라서

그렇다면 앞에서 말한 묵인하기 어려운 소득 원천은 어떻게 될까? 현재 한국에 사는 탈북자는 약 3만여 명에 이른다. 북한 전체 인구의 0.1퍼센트가 넘는 수치다. 그보다 더 많은 수가 중국에 산다. 삶이 힘들고, 사회·경제적 사다리의 맨 밑바닥에서부터 다시 출발하는 것이긴 해도 탈북자가 기초적인 궂은 노동으로 모을 수 있는 돈이면 북한에 두고 온 친척의 생활에 상당한 변화를 줄 수 있다.

탈북자들이 북한에 송금하는 액수는 연 1,000만~1,500만 달러로 추산된다. 액수 자체만 놓고 보면 그리 큰 금액은 아니다. 하지만 가구당 전해 받는 금액을 생각해 보면 이 돈이 갖는 잠재적 영향력을 결코 무시할 수 없다. 전형적인 경우, 탈북자는 한국 돈으로 연 100만 원을 고향 집에 송금한다. 북한처럼 가난한 나라에서 그 정도 액수라면 가계에 큰 도움이 된다.[16] 여기에 더해 북한인권정보센터의 2011년 설문 조사에서 북한에 송금하는 탈북자의 12.5퍼센트가 매년 500만 원 이상을 전달하는 것으로 나타났다. 이러한 상황 역시 회색경제가 성장하는 북한에서 일부 사람들이 사업을 시작하는 데 도움을 준 것이 틀림없다. 그렇게 보면 탈북자 친척을 두는 것이 과거에는 불명예였지만 이제는 희망 사항처럼 보인다는 사실도 별로 놀랍지 않다. 비록 거기에 따른 자부심을 밖으로 표현하는 일은 드물다고 해도 말이다.

탈북자가 북한 내부로 돈을 보내는 공식적인 시스템이 있는 건 물론 아니다. 남북한 사이에 돈이 오가는 것은 양국 정부 모두가 불법으로 간주한다(상대편으로 흘러 들어가는 돈을 눈감아 줄 의향은 북한보다 한국 정부가 더 높아 보인다). 그래도 빠르고 효과적으로 송금하는 방법을 고안해 낸 주체 간에는 잘 구축된 연결망이 존재한다. 그리고 이를 이용하는 데는 당연히 송금 수수료가 부가된다. 탈북자가 북한 친척에게 돈을 보내는 특혜를 누리려면 최고 30퍼센트까지 수수료를 물어야 한다. 송금액이 100만 원이면 70만 원 정도만 수신자의 손에 떨어진다는 얘기다.

수수료 규모가 이 정도인 것은 송금 과정이 위험하고 송금 서비스가 상대적으로 희소하기 때문이다. 일반적으로 탈북자는 송금을 위해 먼저 한국 내 브로커를 찾는다. 탈북자 공동체의 다른 성원에게 개인적으로 추천받은 대상을 토대로 브로커를 고른다. 송금자가 브로커에게 돈을 건네면 브로커는 중국의 은행 계좌로 이를 온라인 송금한다.

또 다른 브로커, 대개는 북한에 거주하는—화교로 알려진—중국인이 **17** 중국 스마트폰의 모바일뱅킹을 통해 송금 결과를 확인한다. 중국 모바일의 통신 신호는 북한의 국경 마을에서도 포착되기 때문에 북한 땅을 떠나지 않고도 확인할 수 있다. 이제 브로커는 미리 북한 내에 숨겨 둔 위안화 다발에서 송금액에 해당하는 만큼의 현찰을 수령해 송금 받을 사람에게 건네준다.[18] 그게 여의치 않으면 또 다른 브로커, 이번에는 북한 사람이 대기하고 있다가 북한 어디든지 찾아가 돈을 전달한다.

이런 시스템의 한 가지 중요한 특징은 브로커가 송금자와 수령인 사이의 전화 통화도 중재한다는 점이다. 일반적으로 전 과정은 가족 성원 간 신속한 대화를 통해 예약된다. 브로커들은 돈뿐만 아니라 중국 휴대전화와 편지, 그 밖의 다른 것도 밀반입할 수 있다. 중국 접경 인근에 사는 북한 사람이 한국으로 짧게 전화를 거는 것은 상대적으로 간단한 문제에 속한다.[19]

브로커도 신속하게 움직이지만, 국경 인근에 사는 북한 사람도 이러한 면에서 유리하다. 서울의 친척이 송금을 하고 얼마 지나지 않아 돈다발을 집까지 전달하는 경우도 있을 수 있다. 탈북자를 지원하는 서울의 NGO단체 운동가는 "웨스턴 유니온(미국의 송금 및 수금 서비스)보다 빠르다"고 말한다. 또한 이들은 흔히 상상할 수 있는 것 이상으로 믿을 만하다. 송금 과정이 불법적일 수밖에 없음에도 불구하고 도중에 돈이 분실됐다는 보도는 거의 없다.

경제활동의 국경

그렇지만 국경 감시가 심하지 않을까? 어떻게 중국 밀수입자가 북한 국경을 마음대로 넘나들 수 있을까? 북한의 전체주의 국가 이미지를 감안하면 자연스레 그런 의문이 든다. 하지만 중국-북한 국경에는 허점이 아주 많다. 북한 주민에게 비무장지대(DMZ)가 '적절한' 국경이라면 북쪽 국경은 그보다 경제적 구획에 가깝다. DMZ에는 수백 마일에 걸쳐 철조망과 장벽, 지뢰가 설치돼 있어 남북한 사람이 서로 반대편으로 넘어갈 수 없다. 하지만 중국-북한 국경을 넘나드는 것은—공식적으로 허가받은 것이든 다른 것이든—흔한 일이다. 2012년 정부가 발급한 허가증을 가지고 중국을 합법적으로 방문한 북한 사람은 약 13만 명에 이른다. 그런 허가증을 발급받는 데 공식 절차를 통하면 몇 개월이 걸리기도 하지만 50~100달러의 뇌물을 주면 곧바로 발급받을 수도 있다.[20]

그렇다고 국경을 누구나 자의로 넘나들 수 있다는 말은 아니다. 보통 북한 주민이 사전 조정 없이 중국에 들어가려면 심각한 위험을 무릅써야 한다. 특히 김정일 시대 후반부 이후로 김정은 집권 초기에 이르러서는 국경 감시가 훨씬 강화돼 탈출이 어렵고 위험해졌다. 하지만 연줄과 돈, 혹은 둘 중 하나라도 있는 사람이라면 국경을 오가는 문제도 상대적으로 수월하게 풀 수 있다.

주로 중국의 중개상인과 중국에서 반(半)민영사업을 하는 북한 사람이 국경을 넘는다. 후자는 베이징에서 항공편을 이용할 가능성이 크다. 중국 중개상은 단둥(丹東) 같은 국경도시에서 정기적으로 북한을 넘나들며 북한 사람이 찾는 온갖 물품을 챙긴다. 가령 한국산 '쿠쿠' 밥솥은 북한 고소득 가정에서 많이 찾는 인기 상품이다. 북한과 중국 사이의 교역이 워낙 많아지다 보니 북한 시장에 팔기 위해 특별히 제작된 상품도 생겼다. 전압이 아주 낮은 환경에서도 작동되는 텔레비전이 대표적이다. 북한과 중국 간에 거래되는 물품의 전체 양은 많다고 해도 대부분 영세 상인이 취급하다 보니 유엔의 대북 경제 제재를 준수하려는 당국이 이를 일일이 감시하기란 극도로 어려운 일이다.[21]

보통 북한 주민도 뇌물을 주면 임의로 국경을 넘을 수 있다. 그동안 확립된 탈북 절차가 있어, 이를 통해 한국으로 탈출한 후 다른 친척의 탈북 지원이라는 특정 목적을 가지고 북한 집으로 돈을 보낼 수 있다. 이때 제대로 된 커넥션을 갖춘 브로커는 수수료를 받아 탈북자를 직접 데리고 국경을 넘어 중국으로 들어간다. 만일 '기본' 탈북 패키지를 이용하는 탈북자라면 그다음 단계부터 자기 도구를 가지고 대부분은 중국을 횡단하는 길고 위험한 여행에 나선다. 이후 다시 불법적인 국경 횡단을 거쳐 태국이나 몽고 같은 인접국으로 들어가게 된다. '골드' 패키지를 이용하면—1만 달러 정도 들 수 있다—브로커가 탈북자와 집에서부터 베이징까지 줄곧 동행한다. 그다음 서울까지 직항 항공편을 타고 가는 데 필요한 위조 서류까지 제공한다.

그뿐 아니다. 북쪽 접경 지역의 지형을 보면 국경을 건너기가 쉽게 돼 있다. 북한 가장 북동쪽에 있는 두만강의 길이는 520킬로미터에 이르는데, 일부 구간은 양쪽 기슭 사이 강폭이 대단히 좁아 중국 쪽에서 지나가는 사람이 북한 쪽 민가에서 널어놓은 빨래를 볼 수 있을 정도다. 강폭이 넓다는 곳도 깊이는 상대적으로 얕은 편이어서 겨울 동안 잘 얼어붙는 데다, 강 중간중간에 바위와 모래톱이 형성돼 있어 국경 경비대가 있어도 건너기가 아주 쉽다.

두만강의 원류가 시작되는 백두산은 북한 문화에서 가장 신성시되는 산인데, 신화에 따르면 한국인의 발상지이기도 하다. 하늘 신인 환인의 아들인 환웅이 지상으로 내려와 신시(神市, 신의 도시)를 세웠다고 전해지는 곳이다. 그 후 환웅의 아들인 단군이 오늘날 평양 인근 아사달이라는 곳에 한반도의 첫 왕국인 고조선을 세웠다. 김정일을 찬양하는 공식 선전물에서 김정일이 백두산에서 태어났다고 (거짓) 주장하는 게 자연스러운 일인 것이다. 백두산은 한국 건국 신화에도 김씨 일가에도 중요하지만 무엇보다 그곳에서 흘러나오는 강은 북한을 탈출해 새로운 삶을 찾으려는 많은 북한 주민에게 기회의 원천이 되고 있다.

민관 합작 사업

북한의 '신자본주의'에 많은 관심이 쏠리자 소규모 수출입 거래에 해당하는 장마당 교역이나 자전거 수리 같은 서비스 판매로 생계를 유지하는 보통 사람에 관한 이야기를 주로 하게 되는데, 북한의 밑바닥에서 이뤄지는 이런 사업은 크기나 규모 면에서 '민관 합작'이라는 냉소적인 명칭으로 불리는 사업에 비하면 왜소하기만 하다.

1990년대 중반 이후 북한 정부는 경제적으로 거의 완전 파탄 상태에 있다. 물론 정치적으로는, 특히 평양에서는 아직까지 강력한 통제력을 유지한다. 하지만 중앙정부는 온갖 산하 기관과 부서, 위원회 등의 운영에 필요한 예산을 감당할 만큼의 직접 수익이나 세수는 올리지 못하는 상태다. 중앙정부의 지원이 부족해짐에 따라 정부 산하 기관은 자체 예산을 사실상 독자적인 방법으로 확보한다. 최근 수년 사이에 정부 기관이 주민에게 제공하는 공공 서비스가 급격히 줄었다고는 해도 기본적인 수준으로는 돌아가야 할 필요가 있기 때문이다. 게다가 직원들 월급도 줘야 한다. 아니 그보다는 쥐꼬리만 한—암시장 환율로 월 몇 달러밖에 안 되는—월급을 받는 직원이 먹고살 수 있는 방법을 찾아 줘야 한다는 표현이 더 어울리겠다.[22] 그 결과 공무원들은 임시방편으로 자신들이 속한 기관의 우산 밑에서 유사 민영 사업을 벌이기 시작했다. 김정일의 유명한 음주 파티의 초대 명단이 1990년대 들어 변하기 시작했다는 사실은 우연이 아니다. 예전에는 초대 명단에 가장 신임하는 관리의 이름이 올랐지만 그 후로는 돈 잘 버는 사람을 선호하게 됐다는 것이다.

유사 민영 사업이 어떻게 시작되고 운영되는지에 관한 공식화된 시스템은 없다. '전형적인' 사례도 없다. 다만 성공 사례는 있다. 이를테면 이런 식으로 운영된다. 좋은 정치적 연줄과 여권을 가진 정부 조직의 관리가 있다고 치자. 원하는 건 무엇이든 할 수 있다는 국방위원회의 고위 위원 정도를 생각할 수 있다(현재 국방위원회는 폐지된 상태다). 이 사람은 중국 혹은 더 먼 외국에서 합작 사업이나 수출입 사업 기회를 찾으려 들 것이다. 특히 중요하게 노리는 분야는 음식, 농업 용품, 의약품, 고급 소비재 등이다. 계획을 세우고 나면 일단 공식적으로는 국영 형태의 회사가 사업 기회를 타진하기 시작할 것이다. 민영 회사는 아직 불법이기 때문이다.

하지만 그렇게 시작한 사업을 통해 얻는 수익 중 정부로 들어가는 것은 일부에 불과하다. 적절한 은행 시스템이 없기 때문에 기업이 큰 돈을 현찰로 보유한다. 금융거래도 옛날 방식대로 수기 장부에 기록되는 만큼 아주 수익이 높은 회사도 손쉽게 수익이 그저 그런 회사로 바꿔 놓을 수 있다. 이때 사업 경영자는 수익의 60~70퍼센트를 챙기고 나머지는 정부 부서와 뇌물을 줘야 할 상층부 사람에게 상납하게 된다. 북한의 경제 시스템은 적정한 법규에 따라 운영되는 게 아니어서 보호를 받는 내부자가 불투명하게 회계를 보는 상황을 막으려 들지도 않는다. 이런 식으로 정부 조직은 자기 예산을 확보하기 위한 약간의 수익만을 올리고 창업자들은 부자가 될 수 있다. 이런 사정을 알 만한 취재원에 따르면, 이런 사업을 벌이는 경영인과 이사는—이들 또한 전형적인 경우 같은 부서의 직원이다—성공적인 경우 각각 월 300~500달러를 번다. 한국 회사에서 일하는 같은 직급자의 월급에 비하면 턱없이 낮지만 북한에서는 대단히 훌륭한 생활수준을 보장해 주는 금액이다.[23] 수완이 좋은 경영자는 상부 인사에게 로비를 해 자신의 독자적인 자회사를 세울 허가권을 얻을 수도 있다. 사업 허가권을 받는 데는 1~2년이 걸리지만, 그 가치를 생각하면 충분히 기다려 볼 만하다.

사업 수익과 마찬가지로 생산 물량 역시 실제보다 적게 계산될 수 있다. 농업 생산물이나 국영 공장에서 생산되는 상품을 장부상에서

'사라지게' 만들어 정부 관리(사업가)의 개인 수익으로 챙기는 것이다. 이 과정에서 새어 나오는 물건은 하나같이 장마당으로 흘러든다. 이 엘리트 교역상은 시중의 장마당 아줌마와는 상이한 사회·경제 계층이지만 서로 간에 거래를 하는 방편은 두고 있기 마련이다. 그 결과 장마당에 나오는 상품의 약 20퍼센트는 북한 내부에서 생산된 것으로 추산된다. 나머지는 대부분 중국에서 온 것이다.

모든 회사가 공식적으로는 국가 소유이기 때문에 기업가의 사업상 안전은 본인이 갖고 있는 권력과 연줄에 달려 있다. 이익이 큰 사업 기회를 누가 잡을 것인지를 두고서는 엄청난 '흥정'이 벌어진다. 사업을 하려는 사람에게는 후견인이 필요한데, 자신의 지위를 보호해 줄 정도로 힘이 아주 센 사람이어야 한다. 그렇다 보니 자연스럽게 후견인에게는 뒷돈을 상납한다. 어떤 의미에서는 북한의 고위 지도층이 불법적인 보호 사업을 벌이는 셈이다.

게다가 고위 인사는 자기 사업도 별도로 운영한다. 김정은의 고모부이자 김정일 집권 당시 오랜 권력 실세였던 장성택만 해도 2013년 12월, 충격적인 숙청과 처형을 초래한 권력 투쟁이 있기 전까지 광범위한 사업 이권을 주무르고 있었던 것으로 유명했다. 그 규모는 아주 작게 잡아도 8000만 유로에 달하는 것으로 추산됐다. 장성택은 중국에 고급 호텔들을 '소유'했을 뿐만 아니라, 막 커지기 시작한 중국-북한 국경 무역의 상당 부분을 관장했다.

그의 아내 김경희는 병입 생수 회사인 강수약수와 북한의 백화점들을 운영할 뿐 아니라 해외 식당 사업에도 관여하고 있는 해당화 회사를 장악한 것으로 알려져 있다. 김경희는 최근까지도 김씨 일가 자산의 최종 후견인이었다. 이 자산을 세계 곳곳 은행에 숨겨 놓은 것으로 알려져 있는데, 자료들을 취합해 보면 최대 200억 달러에 이르는 것으로 추산된다.

북한이 소유한 한국 식당은 아시아와 유럽의 여러 도시에서 영업을 하고 있다. 중국에만 마흔 군데가 넘고 동남아시아에도 몇 곳이 있다. 이곳에서는 갈비나 세겹살─한국의 삼겹살─같은 요리로 식사를 하면서 옛날식 한국 가극 공연을 즐길 수 있다. 이 식당은 한국인에게 아주 인기가 높은데, 이들 눈에는 이곳이 익숙하면서도 색달라 보이기 때문이다. 가끔 북한 관리들은 이 점을 이용해 종업원 중에 첩보원을 심어 두고는, 어떤 이유에서든 자신들의 관심에 포착된 한국인 방문객에 대한 인적 사항을 쌓아 둔다. 하지만 북한이 해외에 식당을 운영하는 가장 큰 이유는 정권에 필요한 달러화를 조금이라도 더 조달하는 동시에 이곳에서 합법적으로 번 돈이 불법 활동으로 올린 수익을 뒤섞는 방패막이가 돼 주기 때문이다.[24]

믿을 만한 소식통의 전언으로는, 북한 해외 식당은 정부 부처 차관급 정도 되는 고위 관리의 여자 친척이 운영하는 게 보통이다. 이때 몇몇 친구와 같이 식당을 여는 데 필요한 창업 자본을 모은다. 이 돈은 실제 식당 개업에 들어가는 비용 이외에 '프랜차이즈 수수료' 명목으로 수백만 달러가 김씨 일가 계좌로 들어가게 된다. 정부는 엄격한 심사를 거쳐 직원을 지명하는데, 이들은 월급 대부분을 중앙으로 송금해야 한다.

국경일에는 이윤의 20~30퍼센트를 추가로 송금한다. 국경일 주간이 되면 흔히 북한의 부유층이 큰 현금 가방을 들고 공항을 통과하는 모습을 볼 수 있다. 돈을 상납하지 않는 것은 아주 어리석은 일이다. 그랬다가는 북한에 남아 있는 친척에게 혹독한 시련이 닥치기 때문이다. 사랑하는 사람들이 수용소로 갈 수 있다는 위협 때문에 해외 북한 사람들은 함부로 대열에서 이탈하지 못한다.

어떤 관리들은 지위가 남들보다 돈벌이에 유리한 경우도 있다. 특히 외국어 능력이나 해외 경험을 습득할 기회를 얻으면 대단히 유리하다. 국제적인 사업을 진행하는 데 필요한 능력과 접촉 창구가 많기 때문이다. 외교 업무를 보던 사람이 뇌물을 주고라도 실질적인 힘이 있는 부처로 들어갔다는 이야기도 흔히 듣는다.[25]

마찬가지 방식으로, 세계 전역의 공산당 관련 행사에 참여하는 김일성사회주의청년동맹(이하 청년동맹) 회원이 되면 돈이 되는 사업에 관여하는 데 필요한 국제 인맥을 이용할 수 있다. 옛 소련이 붕괴하기 전까지 북한 청년동맹은 세계 공산 진영 국가에서 온 어린이를 위한 여름 캠프를 운영했다. 지금 이 조직은 평양의 식당과 호텔 여러 곳 외에 백암이라는 이름의 무역회사를 운영하고 있다.

건설 산업

북한에서 진행되는 건설 사업에는 군이 깊이 개입돼 있다. 아파트 단지와 호텔, 도로, 다리 등을 건설하는 데 값싼 노동력의 공급원이 돼주는 것이다. 군사 퍼레이드에 등장하는 북한 병사들은 세

뇌 교육을 통해 양성된 충성스럽고 무자비한 살인 기계 같은 이미지를 준다. 하지만 실제로는 그 반대다. 평균적인 군인들은 평소 서울의 '괴뢰' 정권을 분쇄하기 위한 훈련보다 건설 작업에 더 많은 시간을 보낼 가능성이 크다. 북한의 국영 매체조차 종종 '군인-건설 역군'이라고 부를 정도다.

북한에서 군부대는 이제 무료 노동 부서나 마찬가지다.[26] 정부가 도로를 건설해야 할 필요가 있다고 치자. 이때 큰 비용이 드는 부분은 자재비뿐이다. 인건비는 군에서 동원하는 병사들을 먹이는 데 들어가는 돈이면 충분하기 때문이다. 자기가 먹을 것까지 자체 조달하도록 임무가 주어지는 경우에는 식비조차 들지 않는다. 정부 부처의 야심 있는 경영자가 집단으로 아파트 단지를 건설하려 할 때도 마찬가지다. 이때 필요한 노동력은 군에서 충당할 수 있다. 오늘날 북한에서는 사실상 '군이 짓는' 민관 건설 사업이 대거 진행되고 있다.

큰 건물을 짓는 일은 다른 사업보다 훨씬 복잡하고 비용이 많이 든다. 중국에서 의약품을 수입하는 사업 등에 비할 바가 못 된다. 그렇기 때문에 대규모 건설 사업까지 벌일 수 있는 사람의 수는 상대적으로 적다. 하지만 그럴 능력이 있는 사람 사이에서는 건설 사업이 어느 정도 경쟁력을 지닌다. 여기에는 두 가지 이유가 있다. 첫째는 너무나 당연하게도, 터무니없이 싼 값의 노동력을 착취하는 데서 생기는 고수익 때문이다. 두 번째는 사업을 통해 얻는 명망 때문이다. 건설 사업을 성공시키면 야심찬 공무원 겸 사업가로 주목받을 수 있다. 이는 승진으로 이어지고, 관계자들이 다 자기 몫을 누리는 결과를 얻었다면 그다음에 더 좋은 기회도 보장된다. 이런 현상은 특히 김정은 시대에 들어 정부가 경제 발전과 번영을 강조하고 싶어 하면서 더 두드러지게 나타나고 있다.

정부의 다양한 부처가 벌이는 민관 건설 사업과 더불어, 재일교포도 건설 사업에 자금을 댄다. 일제 강점기에 많은 한국인이 일본으로 이민을 갔는데, 그 후손 약 9만 명이 1959년부터 1970년대 후반 사이에 북한의 '귀국' 제의에 응해 북한으로 왔다. 이들의 귀국 절차는 일본에서 사실상 북한대사관 역할을 하는 총련이라는 이름의 기관을 통해 진행됐다. 총련과 회원들은 일본에서 파친코 도박 사업을 운영하며 북한에서 가난해진 친척은 물론 북한 전반에 재정 지원을 했다.

북송된 재일교포는 북한 내에서 종종 의심을 받았다. 또 이들에게는 국정이 변덕스러운 북한에서 잘 사는 데 필요한 연줄이 없었다. 이들에게는 일본의 친척에게서 받는 돈이 유일한 능력과도 같았다. 일본 친척은 비교적 큰 부자였다. 북한 정부는 탈북자가 보내오는 돈과 달리 이 돈만큼은 환영한다. 재일교포들로서는 이 돈을 건설 사업에 투자하는 것이 일반적인 일이 됐다. 오늘날 총련 조직은 심각한 침체를 겪고 있지만 여전히 상당 규모의 민간 자본이 일본에서 북한으로 흘러들어간다. 이 돈은, 예를 들어 총련 호텔을 비롯한 수많은 아파트 건설 사업에 사용돼 왔다.

어떤 아파트 복합 단지는 특정 세입자를 염두에 두고 지어지기도 한다. 가령 퇴역 군인이나 스타 운동선수, 과학자 같은 사람들이다. 평양의 외교부 아파트는 꽤 고급스러운 것으로 여겨진다. 외교부 직원은 해외 공관에 살면서 24시간 전력을 사용하는 것과 같은 사치에 익숙해지기 때문에 귀국 후에도 그만한 수준을 기대한다. 정전이 대단히 흔하고 겨울 추위가 살인적인 북한에서 24시간 전력을 사용한다는 것은 누가 진짜 '엘리트'인지를 구분해 주는 실질적인 척도가 된다.[27]

다른 자본주의 사회에서와 같이 북한에서도 아파트를 사고판다. 새로 짓는 고급 아파트 단지의 분양 세대 다수는 건설 당시 공식적인 거주자로 명시된 국가 직원에게 주어지기보다 시장에 매물로 나와 팔리게 될 가능성이 높다. 유일한 실질적인 차이라면 아파트 양도를 위한 공인된 체계가 없다는 것이다. 사유재산이 법적으로 금지돼 있기 때문이다.[28] 하지만 북한의 어느 도시에 사는 사람이라도 자기 아파트를 파는 것은 가능할 것이다. 같은 구역 안에서 집을 맞교환하는 게 법적으로 허용되는 만큼 주택 거래 역시 거의 합법적인 방식으로 이뤄질 수 있다. 이때는 현금 지불 방식으로 거래가 이루어지는데[29] 종종 관공서의 등록 절차 없이 주택 매매가 진행되기도 한다. 아파트 가격이 2000년 이후 열 배 이상 뛴 평양에서는 심지어 부동산중개인을 통해 거래된다고도 한다. 물론 불법이다.

승강기가 없거나 전력 공급이 안정적이지 못한 일반 지역 아파트[30]는 3,000~4,000달러면 넘겨받을 수 있다. 값은 저층 아파트일수록 비싸다. 북한에는 대체로 가난할수록 높은 층에 산다는 인식이 퍼져 있다. 한국과는 대조적이다. 한국에서는 전망이 가장 좋은 곳을 최고가로 친다. 물론 승강기가 없거나 정전이 잦은 곳에서는 최고층도 매력을 잃는다.

중국-북한 국경 지역의 주택은 액면가로만 보면 꽤 비싸다. 그곳에 살면 좋은 사업 기회를 잡을 수 있고 중국 휴대전화 통신망 접근성이 좋기 때문이다. 실제로 국경도시 혜산의 고급 아파트 매매가가 3만 달러라는 보도가 있었다. 하지만 수도 평양 지역의 고급 아파트 단지에 비하면 낮은 수준이다. 요즘 탈북자들이 농담조로 '두바이', '평해튼(평양의 번화가를 뉴욕 '맨해튼'에 빗댄 말 — 역자 주)'이라 부르는 평양 중심 만수대 지역의 근사한 아파트는 10만 달러 이상에 거래된다. 심지어 25만 달러를 부르는 사람도 있다. 공인된 소유권을 갖지도 못하는 집에 쓰는 돈 치고는 너무나 큰 액수다. 하지만 북한에서 그 정도 거금을 가진 사람이라면 서류상으로 등록되지 않은 아파트라고 해도 자기 소유로 둘 수 있을 것이다.

불평등과 시장화

평양을 정기적으로 방문하는 사람들은 이 도시가 최근 급변하는 모습을 보이며 돈이 있는 사람은 대놓고 돈을 쓴다고들 전한다. 몇 년 전까지는 자신이 부유한 사람이라고 해도 그런 사실을 조용하고 은밀하게 숨겼다. 하지만 지금은 가진 부를 과시하고 보란 듯이 소비를 해도 눈총을 받지 않는다. 스마트폰을 쓰고 번쩍이는 스위스 시계를 차며 명품 디자이너 백을 들고 다니는 것부터 비싼 커피를 마시는 것까지, 과거엔 상층 엘리트 계층이나 할 수 있었던 것을 이제는 중산층도 누릴 수 있게 됐다. 이런 불평등은 평양 시내에서 가장 두드러진다. 이곳에 사는 사람들은 이런 호사를 누릴 수 있는 사람과 그럴 수 없는 사람이 있다는 사실을 의식할 수밖에 없다.

중앙정부 자체가 기본적으로 파산 상태인데도 정부 기관이나 엘리트 공무원은 온갖 종류의 수익 사업을 벌인다. 부를 창출하는 주요 수단 중 하나인 중국과의 무역은 2000년 연 5억 달러 수준에서 2013년 60억 달러로 늘어났다. 그 결과, 총련의 쇠퇴에도 불구하고 평양 시내 전역에는 신축 건물이 올라가고 있다. 이와 함께 고위층과 신흥 기업가 계층을 위한 새로운 식당과 상점, 레저 시설도 덩달아 느는 추세다. 그렇다 해도 개발 정도로만 보면 평양은 아직 중국의 3류 도시에 불과하다. 하지만 이제 이곳 식당이나 카페에서 피자나 카페라테를 주문하고 아이패드를 쓰는 사람을 보는 건 어렵지 않다. 이런 사실은 북한을 그저 전체적으로 빈곤한 공산주의 국가 정도로 생각하는 사람에게는 놀라움으로 다가올 것이다.

북한으로 수입되는 메르세데스, BMW, 렉서스 차량도 김씨 집안만을 위한 게 아니다. 정부 관리 상당수가 이런 차량을 소유하고 있다. 이들은 보통 유리창에 짙은 색을 넣은 검정색 차량을 선호한다. 고위 공무원의 차는 '727'로 시작하는 번호판을 달기 때문에 쉽게 알아볼 수 있다. 그 밖에 평양의 많은 부자 사업가—중국에서 사업을 하는 북한 사람까지—도 고급 외제 차량을 갖고 있다. 자수성가해서 갑부가 된 이들이야말로 중국에서 들어와 비싼 가격에 팔리는 렉서스를 몰 만한 경제적 여유가 있다. 한 취재원은 김씨 집안이나 다른 엘리트 집안에 연결돼 있지 않은데도 실 자산이 1000만 달러가 넘는 사업가도 있다고 전했다. 새로 생겨난 민관 합작 사업 유치 게임에서 수완을 발휘해 부를 모은 신흥 자본가 엘리트 중 한 명일 것이다.[31]

하지만 하루하루 생계를 잇는 데 급급한 수백만 북한 주민으로서는 BMW를 몰고 만수대 아파트에 산다는 것은 상상조차 하기 힘들다. 도시 외곽에서는 농부들이 여전히 소를 끌고 밭을 간다. 병사들은 묽은 죽으로 연명한다. 심지어 평양 시내의 보다 일반적인 주거 지역에서도 수십만 시민이 빈곤 속에서 살아간다. 평균적인 북한의 생활 수준은 어림잡아 1970년대보다 더 나빠진 상태다. 그렇다 보니 평양의 신흥 부유층은 가난한 대중에게 생활고는 물론 위화감까지 더해 줄 것이라고 자연스레 가정할 수 있다.

북한의 핵심 지도층 구성원도 이 사실을 분명히 안다. 그들 또한 자본주의의 영향이 장기적으로는 자신들의 국가 통제력 유지에 파괴적인 영향을 미칠 거라고 생각한다. 그렇다고 시장을 근절할 수는 없는 형편인 것도 안다. 시중의 사적 거래를 막으면 전면적인 경제 파국과 새로운 기근이 초래되면서 국가의 생존 자체가 위협받을 게 분명하다. 이와 함께 민관 자본주의는 이념을 통한 통제가 더 이상 먹히지 않는 시대에 북한의 지도층이 후원과 충성의 관계를 구축할 수 있게 해주는 발판이 돼 있는 상태다.

물론 정부 지도층이 북한의 미래 경제를 두고 어떤 구상을 하는지 진짜로 아는 사람은 없다. 사실상 북한 지도층 자체는 심하게 분파돼 있다. 경제에 관한 한 단일 목표를 가진 조직으로서 '정권'이라고 말하기 어려울 정도다. 하지만 각 분파가 공통으로 가지고 있는 한 가지가 체제의 생존 요구라는 사실을 받아들인다면 다음과 같이 합리적인 추론을 해볼 수는 있다. 즉, 북한은 자본주의와 경제개혁을 장기적인 체제 붕괴를 피하는 데 필요한 최소 수준의 속도로 허용할 것이지만, 보다 급진적인 변화에 대해서는 똑같은 이유에서 저항할 것이다.

이런 사실을 감안하면 북한의 경제특구가 갖는 매력이 설명된다. 경제특구를 통해 경제 수익은 올리고 국가의 나머지 지역에 대한 확고한 통제력은 그대로 유지할 수 있는 것이다. 따라서 김정은 정부가 2013년 11월, 북한처럼 작은 지역으로서는 대단히 많은 수인 열네 곳에 경제특구를 새로 만들겠다고 발표한 이유는 이해할 만하다. 나선과 같은 기존의 경제특구는 지금까지 기대에 미치지 못했다. 하지만 그렇다고 해서 사회·정치 변화는 차단하면서 부를 낳는 경제특구 건설 노력이 앞으로 중단될 것 같지는 않다.

북한의 지도층은 사회의 시장화와 더불어 아슬아슬한 줄타기를 하고 있다. 너무 늦게 수용하거나 너무 빨리 받아들이면 정권에 치명적인 결과를 가져올 것이기 때문이다. 그렇다고 북한 전문가의 '붕괴론'에 넘어갈 일도 아니다. 북한은 소련 붕괴와 참혹한 대기근, 경제 체제의 참담한 실패를 거치면서도 살아남았다. 경제적 측면에서는 현대판 서부 개척 시대를 지나는 것으로 보이는 북한에서 정치적 통제는 또 다른 얘기다. 김씨 집안과 측근은 여전히 아주 강력한 카드를 갖고 있다. 후원과 처벌의 공포, 선전, 아직 얼마간 남아 있는 김일성에 대한 존경심, 왕조제의 매혹적인 힘 같은 것들이 북한의 기반인데 이것은 지금도 정부의 장악력을 뒷받침하고 있다.

주석

1 그렇지만 시골에서 'US AID'라고 찍힌 포대를 아주 흔히 볼 수 있다. 거기 사람들이 그게 미국 구호물자임을 뜻하는 말인지 알 것 같지는 않다. 포대에는 한국어로 '미국 국민으로부터 온 선물'이라고도 찍혀 있다.

2 정부의 정보 흐름 통제가 단기적으로는 정권에 도움이 될 수 있다. 예를 들어, 중국의 톈안먼(天安門) 광장 학살이 일어났을 때 평양 시민 일부를 제외한 북한 주민 대부분은 이 일에 대해 들어 보지도 못했을 것이다. 이와 대조적으로 1980년 한국에서 일어난 광주 학살에 대한 소식은 들을 수 있게 허용됐을 가능성이 아주 크다.

3 대기근에 따른 인명 피해의 최종 집계에 대해서는 많은 논쟁이 있다. 공식적인 유엔 인구 수치가 그 기간 중 크게 감소한 것은 아니나 그렇다고 해서 이 시기의 엄청난 비극 자체를 가릴 수는 없다.

4 평양의 엘리트 가족 중 한 사람은 대기근 동안 자기 가족은 정부 지급품 덕분에 먹을 게 충분했지만 같은 아파트에 사는 친구들은 그렇지 못해 음식을 나눠 먹었다고 했다.

5 그럼에도 그들 역시 지금은 시장 활동에 깊숙이 개입한 상태다. 시장의 혜택을 누리기에 가장 좋은 지위에 있기 때문이다.

6 말하는 방식도 북한 남자들이 더 남성적이다. 북한 사람들은 한국 남자들의 화법이 여성적이라고 여기는 듯하다.

7 아프리카 시에라리온의 발렌틴 스트라서 전 대통령은 퇴진 후에도 자기 나라에서 자유인으로 산다는 점에서, 쫓겨난 일부 독재자보다 운 좋게 여겨질지 모른다. 그렇지만 그는 월 50달러의 연금만으로 빈민가에서 모친과 함께 산다. 외신 보도에 따르면 그는 대통령의 영예에서 극적으로 몰락한 자신의 처지를 잊기 위해 하루 종일 진을 마신다고 한다.

8 북한을 방문하게 되면 중국 위안화나 유로화를 써야 한다. 2000년대 초 이전에는 외국인 방문객도 원화를 쓸 수 있었다. 때로 북한 현지인은 쓸 수 없는 별도의 원화를 써야 할 때도 있다. 두 집단의 구분을 유지하기 위한 장치다. 쿠바는 지금도 이런 이중통화

제를 적용해 페소(cup)와 차비토(cuc), 두 가지 화폐를 쓴다. 하지만 북한은 쿠바와 달리 외국인에게 두 종류의 원화를 제공했다. 우호적인 사회주의 국가에서 온 사람에게는 영광스러운 붉은색 지폐를, 자본주의의 주구와 제국주의의 하수인에게는 미심쩍어 보이는 푸른색 지폐를 줬다. 그러나 이제는 외국인 관광객도 지정된 소수의 은행과 백화점, 때로는 길에서도 회색시장 환율에 따라 북한 원화로 환전할 수 있다. 그러나 이때 제안받는 환율과 마찬가지로 환전 행위는 법적으로 회색 영역에 속한다. 그래서 수완 좋은 판매상의 속임수에 넘어가면 기념품 노트를 사면서 위안화 한 움큼을 건네게 될 수도 있다.

9 1997년부터 2004년까지 달러화는 북한 사람이 가장 선호하는 외국 화폐였다. 미국의 제재로 달러 공급에 차질이 생길 것을 우려해 이론상으로는 유로화로 전환했지만, 유로화는 공급량이 더 부족했다. 지금은 위안화가 그 자리를 대체하고 있다.

10 이를 체면의 문제로 여길 수도 있을 것이다. 쇼핑객 중 왜 원화로는 살 수 없는지 진지하게 물어본 사람은 아무도 없다. 이미 답을 알고 있기 때문이다.

11 2014년 북한 정부는 액면가로 최고액권인 5,000원짜리 지폐를 도입했는데, 여기에는 김일성 얼굴을 넣지 않았다. 작고한 지도자의 초상은 이보다 고액권인 1만 원 혹은 5만 원권 지폐를 위해 남겨 둔 것이다. 최고액권 지폐의 증가는 북한 정부가 원화의 암시장 가치를 인정하고 수용해 간다는 뜻이 된다.

12 평양 지하철 요금이 5센트가 아닌 300원 혹은 500원이 되는 날을 바로 북한 정부가 마침내 시장경제를 수용한다는 신호를 보내는 날로 봐도 무방할 것이다.

13 최근에는 월 5만 원을 내면 업무에서 면제받고 자유롭게 개인 사업을 할 수 있다. 이를 '8·3돈'이라 부른다. 1984년 8월 3일에 김정일이 인민 소비재 생산을 위해 해당 기업소나 공장이 알아서 생산 원료를 확보하라는 취지로 내린 지시에서 유래한 것으로, 2000년대 들어 공장, 기업소가 제대로 운영되지 않자 아예 노력 동원과 직장 등에 나가지 않고 매달 일정한 돈을 납부하는 형태의 8·3돈이 나타났다. 이때 내는 돈은 사실상 사적인 소득에 대한 세금인 셈이다.

14 그렇지만 북한으로 들어가는 외국 구호물자의 상당수는 옥수수다. 쌀은 북한의 다수 하층민이 사 먹기에는 너무 비싸다.

15 북한 사람과 합작해서 농업 사업을 운영하고 있는 외교 소식통과 외국 기구에 따르면,

다른 작물과 마찬가지로 쌀 작황도 날씨의 영향을 받긴 하지만 식량 부족분은 점차 메워지고 있다 한다.

16 이런 이유 때문에 감독관의 관할 구역에 탈북자의 금전 지원을 받는 가족이 있으면 소득에 대해 걱정할 필요가 전혀 없다고들 이야기한다. 말할 것도 없이 뇌물을 뜯어낼 수 있기 때문이다.

17 북한에 사는 중국계 주민(화교)은 출입국도 훨씬 자유롭다. 이런 특권은 해외 송금 알선과 상품 수출입 등으로 돈을 버는 데 활용된다. 화교에 대해서는 7장에서 자세히 다룬다.

18 돈은 위안화로 전달된다. 이런 식으로 북한 북동 지역의 위안화 공급에 일조하게 된다.

19 2014년 이후 북한 당국은 불법 전화 사용을 뿌리 뽑기 위해 휴대전화 신호 탐지기를 포함한 보다 첨단의 기술을 사용해 왔다. 이와 함께 중국과 북한 국경 양쪽에 대해서도 아주 광범위한 단속을 벌여 왔다.

20 그렇지만 북한의 보통 주민에게 허가증이 발부될 가능성은 아주 작다. 허가를 받으려면 신원 배경과 연줄이 좋아야 한다. 연줄이 좋은 브로커가 수수료를 받고 국경 출입을 도와주기도 한다.

21 베이징(北京)에서 평양으로 가는 고려항공 항공편에는 북한 상인이 중국에서 구입한 평면 텔레비전과 다른 첨단 제품이 가득 실린다. 베이징의 북한대사관 인근에는 특별히 북한 사람을 겨냥하는 상점들이 있다. 이런 사실을 알고 나면 대북 경제 제재의 실행이 갖는 효과에 대해 또 한번 의심하게 된다.

22 국가에서 지급되는 급료는 적지만 식품 교환권이 함께 나오기 때문에 이걸로 음식을 교환할 수 있다. 따라서 돈 자체는 별 쓸모가 없어도 그것이 제공하는 소량의 배급 물자가 유용한 보완품이 된다.

23 그렇긴 해도 보통 한국 직장인이 더 열심히 일한다. 남북한 모두 일찍부터 하루 일을 시작한다. 관례상 자기 상관보다 먼저 사무실에 도착한다. 북한 회사원은 오전 7시 30분쯤 출근해 사무실을 청소하고 8시에 회의를 한다. 실제 업무는 9시에 시작한다. 12시 정오가 되면 싸 온 도시락으로 점심을 먹는다. 오후에는 2시까지 낮잠을 잘 수 있다. 이 부분은 서울의 자존심 강한 재벌 사주로서는 직원에게 허락하지 않을 일이다. 그리고 오후 6시 회의가 끝이 나면 집으로 간다. 상관의 눈치를 봐야 하는 서울의 봉급 사원은 몇

시간 더 있어야 퇴근할 수 있다.

24 유엔의 대북 제재 집행 상황을 모니터한 유엔 위원회의 보고서를 보면, 북한 외화 수입의 상당량이 시리아, 이란, 리비아, 탄자니아, 소말리아, 에리트레아, 우간다, 에티오피아 등과의 불법 무기 밀매에서 나온다.

25 그런 직업을 가진 남자는 결혼 조건이 아주 좋은 것으로 여겨진다. 그 덕에 장차 엘리트 집안에 장가를 들면 사회적 지위는 한층 강화된다. 1990년대 후반부터 평양에서는 각자의 이점을 자녀에게 물려줄 수 있는 경제-정치 파워 커플이 부상했다.

26 따라서 이들의 사기가 낮다고 많은 소식통은 말한다. 보통 북한 병사는 노동력을 착취당하는 데다 훈련이 부족하고 배급도 열악하다. 만약 심각한 분쟁이 일어날 경우 김정은은 일반 부대에는 의존할 수 없고, 전투에 대비된 소규모 특수군 병사에게 의존할 가능성이 아주 높다. 외부의 정책 분석가들이 볼 때, 이런 사정은 현재 북한이 보유한 유일하고 실질적인 억지력, 핵무기를 결코 자발적으로 포기하지는 않을 것이라는 점을 한층 더 분명하게 보여 준다.

27 돈만 충분히 있으면 뇌물을 주고 인근 군 시설이나 정부 관청에서 전기를 몰래 끌어다 쓰는 것 역시 가능하다.

28 아주 드물기는 하지만 예외적인 사례로, 김일성의 토지개혁 이전부터 한 가족이 소유해 온 소규모 재래식 가옥이 있다.

29 가끔은 서류 업무를 처리하는 공무원이 상황을 정확히 알고 자기 몫을 요구하기도 한다.

30 북한의 전기 공급 상황은 매우 열악하다. 평양에서 가장 큰 건물인 인민대학습당 같은 곳에서도 자리를 뜰 때 소등을 하고 일과 중 조명을 최저 수준으로 유지하는 등 전기를 아껴야 한다. 중요한 손님이 왔을 때만 전등을 다 켠다.

31 이런 상황 전개가 북한 정치에는 어떤 여파를 끼칠까? 새로운 비즈니스엘리트층이 자신의 정치 의제를 갖고 있을 수도 있지만, 이들의 특권적 지위가 여전히 정권의 허가와 연줄에 의존적이라는 사실도 기억해 두는 것이 중요하다. 북한의 신흥 부자는 본질적으로 국가의 사업 파트너, 평지풍파를 일으키지 않으려고 조심하기 마련이다. 따라서 진정한 정치 변화를 위해 필요한 것은 대규모 신흥 중산층이다.

2장

은밀한 여가 생활

North Korea Confidential

02

널리 퍼져 있는 북한의 대중적 이미지를 떠올려 보면 북한에서 여가 시간을 보낸다는 생각은 블랙코미디처럼 여겨진다. 실제 평균적인 북한 주민에게 삶이란 힘든 것이고, 여흥을 누릴 수 있는 여가 시간이나 여윳돈은 부족한 것이 사실이다. 한국에서는 세탁기로 옷을 빨고, 잘 닦인 도로와 쭉 뻗은 철도망을 통해 전국 어디라도 가 닿을 수 있으며 경제적 여력을 조금 발휘하면 오락거리를 골라 누릴 수도 있다. 하지만 북한에서 이런 것은 하나도 할 수가 없고, 사람들은 오히려 자아비판 시간이나 이웃 주민 모임에 정기적으로 참석해야 한다. 한국 사람은 그런 의무가 없다.[1]

그럼에도 세계 다른 나라와 마찬가지로 북한 사람도 나름의 여가를 누릴 기회를 추구한다. 어려운 상황 속에서도 그렇게들 한다. 그저 '경애하는 지도자'에게 봉사하기 위해 사는 로봇으로 보도된 해외 언론의 이미지와는 상충되는 모습이다. 더욱이 최근 들어 북한에도 기술 변화가 일어나면서 북한 주민이 여가 시간을 보낼 방법이 이전보다는 좀 더 많아졌다. 이런 변화 중의 어떤 부분은 심지어 정부의 주민 통제력에도 영향을 주기 시작했다.

외국 텔레비전 프로그램과 영화

　　김정일에 관해 알려진 보다 긍정적인 면 중 하나는 그가 영화 애호가였다는 사실이다. 개인적으로 소장한 영화만 수천 편에 이른 것으로 전해진다. 김정일은 또한 한국 방송의 애청자였다. 특히 공영방송인 KBS의 팬이었다. 2007년 남북 정상회담을 위해 노무현 대통령이 방북했을 당시 수행원이 KBS를 왜 좋아하는지 묻자, "나는 국영에 익숙해서요"라고 답했다고 한다.

　　하지만 김정일은 자신의 특권을 나머지 주민들에게는 확대시키지 않았다. 해외 매체를 시청하는 것은 북한에서 법으로 처벌될 수 있다. 그렇다고 사람들이 해외 매체를 시청하지 않는 건 아니다. 2010년 설문 조사에서[2] 탈북자 250명 중 절반 가까이가 외국 텔레비전 프로그램이나 영화를 본 적이 있고, 평양의 많은 공무원도 사적인 대화에서는 외국 매체를 본 적이 있음을 시인할 거라고 응답했다.[3] 이 중 4퍼센트는 북한에 있을 때 KBS 방송을 직접 수신했고, 이들 전원은 정기적인 시청자였다. 이런 사실로 미뤄볼 때 KBS는 북한 수신자에게 아주 매력적인 채널인 듯하다.

　　이 설문 조사는 대상이 북한에서도 북쪽 지방, 특히 함경북도 출신자에게 많이 편중된 감이 있다. 탈북자의 상당수가 이곳 출신이기 때문이다. 그렇다면 실제 북한 내에서 한국 방송을 직접 수신하는 주민의 비율보다 설문 조사 수치가 더 낮게 집계됐을 가능성이 있다. KBS 방송은 한국으로부터 80~120킬로미터 내에서만 신호가 잡히므로[4] 국경에서 그리 멀지 않은 개성이나 사리원에 사는 사람이야 어렵지 않게 방송을 시청할 수 있지만 함경도 지역 주민은 대체로 보기 어렵다.

대신 북부 지역 주민은 중국을 통해 송신되는 한국 텔레비전 프로그램을 시청할 수 있다. 북한 국경 인근에는 주민 수도 많아 중국 옌지TV는 한국어로 된 콘텐츠까지 방송한다. 설문 조사에 응한 탈북자의 18퍼센트는 북한에 있을 때 옌지TV를 시청한 적이 있고, 15퍼센트는 주 단위로 시청했다고 답했다. 응답자의 51퍼센트가 북한 채널을 본 적이 있다고 했는데—합법적 방송이라는 이점을 감안하면 그리 놀라운 수치는 아니다—주 단위로 시청한 사람이 14퍼센트에 불과한 것을 보면 상대적으로 북한 방송이 얼마나 재미없는지를 알 수 있다.[5]

북한에서 텔레비전과 라디오는 조선중앙TV나 조선교육문화TV, 조선중앙방송, 평양에서만 수신되는 만수대TV 등 국영방송사 채널만 선택할 수 있는 상태로 맞춰져 시중에 나온다. 북한에서 합법적으로 판매되는 텔레비전으로는 그 외 채널을 수신할 수 없다. 더욱이 북한 텔레비전은 한국에서 쓰는 NSTC 방식이 아니라 PAL 동영상 방식이다. 하지만 북한 사람은 누구보다 수완이 좋다. 어려운 환경에서 살아가려면 그럴 수밖에 없다. 북한에는 텔레비전과 라디오를 '개조'하는 불법 사업이 발달해 있고, 텔레비전 수리상이 짭짤한 수입을 올린다. PAL 방식과 NSTC 방식 겸용으로 제작된 중국산 텔레비전으로 방송을 시청하는 사람도 많다.

하지만 그보다는 영화나 방송 프로그램이 DVD나 USB 메모리스틱에 저장돼 중국에서 수입되는 경우가 훨씬 많다. DVD는 2000년대 중반 북한에서 흔한 것이 됐고, 2010년 이후부터는 USB 메모리스틱이 들어와 어떤 경우에는 DVD를 아예 대체하기에 이르렀는데, USB가 DVD보다 크기가 작아 국가안전보위부(현 국가안전보위성) 요원의 감시를 피하기 쉽다는 점이 한몫한 것으로 생각된다. USB는 북한이라는 정권의 정보 통제력에 영향을 주고 나아가 더 큰 변화를 가져올 잠재력을 가진 것으로 평가된다. 이 부분에 대해서는 차차 이야기하겠다.

해외 연계망이 있는 중국-북한 무역상들은[6] 미국과 한국, 중국의 영화와 텔레비전 프로그램의 해적판 DVD를 북한으로 들여온다. 어림잡아 한 번에 수천 개를 갖고 오는데, 그러다 보면 관리들에게 뇌물로 200~300개를 줘야 하는 경우도 생긴다. 나머지는 혜산 같은 국경도시에서 도매상에게 판다. 도매상은 다시 장마당 영세 상인에게 이윤을 남기고 되판다. 이때 도매상이 활동하는 데는 인맥이 요구된다. 이 사업이 불법일 뿐 아니라 국가의 정보 통제 규정을 무너뜨리는 일이기 때문이다. 적발됐을 때는 처벌도 그만큼 훨씬 더 가혹하다. 결국 상당한 위험을 감수할 만큼 배포가 크거나 고액의 뇌물을 지불할 수단이 있는 사람만 DVD 도매업에 뛰어든다.

DVD는 장마당에서 1달러를 넘지 않는 가격에, 놀랄 만큼 폭넓은 사람들에게 팔려 나간다. DVD를 사려는 사람은 이게 불법인 걸 알기 때문에 상인에게는 에둘러 '재미있는 것'이 있느냐고 묻는 게 보통이다. 마치 마약상에게 말을 거는 사람 같다. 사람들이 흥미를 보이는 것은 외국 제작물이다. 북한 인구의 절반 가까이가 외국 DVD를 본 적이 있는 것으로 알려졌다. 그러나 이들 모두가 자기 소유의 DVD 플레이어를 갖고 있는 건 아니어서 믿을 만한 친구나 가족을 찾아가 그들과 함께 보기 마련이다.

최근 컴퓨터를 소유한 사람이 급증하면서 이제는 USB 메모리스틱으로 전달되는 동영상 파일을 구하는 사람이 많다. 사실상 이 방법이 DVD를 대체하기 시작했다고 말하는 사람도 있다. 많은 북한 주민은 이제 외국 영화와 텔레비전 프로그램뿐 아니라 경우에 따라서는 포르노 동영상 파일이 담긴 USB 메모리스틱을 서로 교환한다. USB 메모리스틱은 DVD에 비하면 몇 가지 큰 장점이 있다. 우선, 무한 복제와 배포가 가능하다. 또한 안전하다. 지금까지 북한 당국이 외국 방송 매체나 영화를 보는 사람을 단속할 때 사용해 온 오랜 방법은 건물의 전기를 차단하고 내부를 샅샅이 수색한 후 DVD 플레이어를 압수해서 뭘 시청하고 있었는지를 조사하는 식이었다. 이 과정에서 DVD 플레이어 전원이 갑자기 꺼져 버리면 디스크를 쉽게 제거할 수 없다. 하지만 USB 메모리스틱이라면 1초 만에 간단히 제거한 후 쉽게 감출 수 있다.[7]

체제에 대한 진정한 충성심이 점차 약해진 덕에 이제는 외국 방송 매체와 영화를 본 사람들도 대개는 처벌받지 않는다. 다시 말해서, 관리들도 일반적인 경우 불법 매체를 시청한 사람을 적발하더라도 그저 뇌물만 챙기면 될 뿐이어서 그걸 달성하고 나면 그냥 묵인하고 넘어가기 마련이다. 외국 매체를 시청하는 사람도 실은 수용소로 보내질 위험을 무릅쓰는 셈인데, 대개는 잡히더라도 관리에게 돈을 건네고 무마하는 선에서 끝이 난다.[8] 당국도 이제는 외국 방송 매체 시청자에 대한 효과적인 감시와 통제를 기대하기 어려운 상황이 됐다.

사정이 이렇다 보니 주민들은 점점 과감해지고 있다. 서로 고자질할 가능성도 작아졌다.[9] 실제로 북한 주민이 한국 드라마를 두고 친구와, 심지어 이웃과 열띠게 이야기하는 것도 흔히 듣는다. 북한 사정을 폭로하는 보도에 따르면, "당연하지"라는 말과 같은 한국식 표현이 북한 주민의 일상어에 침투해 들어감에 따라[10] 북한의 한국 드라마 팬들은 서로 그런 표현을 알고 있다는 사실을 확인하면서 짜릿함 공범 의식을 느낀다. 이제 북한 주민은 한국 방송 프로그램의 '팬덤'을 통해 우정을 다진다. 다른 사람과 그것에 대해 이야기하는 것 자체가 서로 신뢰를 확인하는 행동이 되고, 이를 통해 빠르게 유대감을 쌓는다.

영화 「친구」는 평양에서 음성적으로 히트를 쳤다. 특히 엘리트 가족의 학생 자녀들 사이에서 큰 인기를 얻었다. 한국의 해안 도시 부산을 배경으로 하는 이 영화의 대사는 사투리로 가득하다.[11] 또 여기에는 여자 주인공의 성적 흥분을 가리키는 비속어가 나오는데, 이 대사는 평양의 10대 청소년 사이에 유행어가 됐다.

한국에서와 마찬가지로 북한 주민에게 가장 인기 있는 프로그램은 단연 드라마다.[12] 삼각관계의 연인이나 가족 내 갈등, 예쁜—하지만 가난한—여성이 재벌가 남자와 결혼하는 사연, 주인공이 비극적으로 죽는 이야기가 주요 줄거리다. 한국 사람은 드라마를 보며 카타르시스를 경험하거나 잠시 현실에서 도피한다. 그래서 보통 드라마에는 현실의 삶이 그대로 반영되기보다 과장해서 표현된다. 그런데 이런 한국 드라마를 북한 주민은 상대적으로 현실감이 높다는 이유로 좋아한다. 북한 방송 프로그램에서는 나쁜 사람이 처벌을 면하거나 착한 사람이 끝에 가서 파멸하는 내용은 거의 볼 수 없기 때문이다. 북한 드라마에서 주인공은 결국에는 정당한 보상을 누리는 모범 노동자이기 마련이다. 이런 드라마는 그럴듯하지도 않고 흥미를 끌지도 못한다.

이런 저간의 사정은 무엇을 암시할까? 무엇보다, 한국 및 외국 방송 매체를 시청하는 주민이 급격히 증가하다 보니 북한 정부로서도 방송의 수준을 올릴 수밖에 없는 처지가 됐다. 그 결과 북한 텔레비전 뉴스는 이제 20세기 후반 수준은 돼 보인다. 과거에 비하면 그래픽이나 세트가 나아졌다.

더욱이 소식통의 전언으로는, 북한 텔레비전에서 좀 더 다양한 외국 영화를 볼 수 있게 됐다. 지금까지는 편성표에 중국과 러시아 영화가—한국어 더빙판으로—항상 고정돼 있었는데 이제는 가끔씩 인도의 발리우드 영화 등의 외화도 방송 시간을 두고 경쟁을 벌인다. 심지어 영국 영화인 「슈팅 라이크 베컴(Bend It Like Beckham)」도 2010년 북한의 국영방송 채널에서 방영됐다.

더 중요한 건 이렇게 시작된 '미니 혁명'이 국가의 통제력을 잠식해 들어간다는 사실이다. 1990년대 중반까지만 해도 북한 정부는 국내 정보 유통에 관한 한 거의 독점적 지위를 누렸다. 거기에는 입소문밖에 대항할 만한 게 없었다.[13] 과거 북한 주민은 자기가 들은 대로 한국 사람이 자기들보다 더 가난하다는 말을 믿었지만[14] 지금은 북한 사람

거의 모두가 그 말이 거짓임을 안다. 북한의 거짓 선전 메시지는—한국의 방송 매체 덕분에—결국 폐기됐고, 그 자리에는 대신 한국이 미국의 '꼭두각시'라는 훨씬 더 큰 선전이 들어섰다. 꼭두각시라는 표현은 오래된 말이지만 디지털 정보 시대에 새로운 생명력을 얻게 됐다.

하지만 외국 방송 매체는 미국에 대한 시각을 바꿔 놓고 있다. 북한 정부의 역대 선전물은 미국인이 의심의 여지없이 악한 사람이며, 이들의 유일한 의도는 세계를 식민지화하고 북한처럼 저항하는 나라를 파괴하는 것이라고 묘사해 왔다. 포스터에는 미군 병사가 이를 드러내고 히죽거리면서 북한 아기들을 향해 총검을 겨누고, 겁에 질린 엄마들은 속수무책으로 공포 속에서 그 장면을 지켜보고만 있는 모습이 그려졌다.[15] 하지만 시대는 변하고 있다. 탈북자들은 '엉클 샘'에 대한 자신의 관점이 순화됐으며, 세계 어디서나 볼 수 있는 「타이타닉」 같은 할리우드 영화를 북한에 있을 때 이미 봤다고 증언한다.

북한 사람을 상대로 한 설문 조사나 토론을 보면, 오늘날 상당히 많은 사람이 다짜고짜 선전을 일삼는 국영 매체보다 외국 매체를 더 신뢰하는 것처럼 보인다. 이런 현상은 충성심 높은 평양 시민의 경우에도 마찬가지인데, 그렇대도 이들은 탈북을 심각하게 고려하지는 않는다. 하지만 탈북자 중에는 북한에서 본 외국 방송 프로그램과 영화 덕분에 탈북이 좀 더 쉬웠고, 현실적으로나 정서적으로 탈북을 준비하는데 도움이 되었다고 말하는 사람이 있다. 나아가 북한에서 본 외국 방송 매체가 바깥 세계에 대한 호기심을 불러일으켰고 그것이 북한을 떠나게 만든 결정적인 요인이었다고 말하는 이도 있다.

USB 기술의 성장이 북한의 변화 속도를 가속화했다 해도 무리는 아니다. USB 메모리스틱 덕분에 미디어 파일은 급속히 확산됐다. USB는 쉽게 돌려 가며 전달할 수 있을 뿐만 아니라 반복해서 재활용이 된다. 쉽게 숨길 수도 있다. 인터넷 접속이 불가능한 나라에서 USB를 통한 데이터 저장 방식은 인터넷의 대용품 역할을 한다. 컴퓨터가 점점 더 많은 북한 가정으로 유입되면 이에 따라 국가의 통제를 붕괴시킬 잠재력도 점점 더 커질 수밖에 없다.

하지만 대기근 이후 소규모의 정보 혁명이 일어났다고 해서 그것이 북한 체제에 대한 증오나 체제 변화 욕구의 증가를 촉발한 것은 아직 아니라는 사실을 염두에 두는 것이 대단히 중요하다. 자칫 그런 결론으로 비약하기 쉽지만 그러기에는 증거가 부족하다. 사정이 그러한 분명한 이유 한 가지는 북한에 대한 밖의 시선을 알 수 있는 가능성이 너무나 제한돼 있어서 북한 정부의 공식 노선을 반박할 여지가 거의 없다는 사실이다. 심지어 한국의 방송 프로그램에도 북한 관련 콘텐츠는 상대적으로 적다. 평균적인 한국 사람들은 DMZ 이북의 상황에 무관심하기 때문이다. 그리고 현재 유통되는 동영상에 나오는 북한에 대한 묘사는 시대에 뒤처졌거나 웃음이 나올 정도로 빗나간 것이어서 ─ 제임스 본드가 주인공인 영화 「007 어나더 데이」를 보라[16] ─ 오히려 신뢰도를 떨어뜨린다. 북한에 대한 뉴스 보도 내용이나 창작물에서의 묘사가 빈도나 수준 면에서 지금보다 개선된다면 그때는 어떤 결과가 나타날지 상상해 볼 수는 있다.

북한 밖의 시각에서 보면 북한 주민의 태도가 직관에 반하는 것처럼 보일지 모른다. 하지만 북한 주민 대부분은 북한이 직면한 문제를 두고 정권 자체를 비난하는 것 같지는 않다. 수많은 탈북자와 함께 일하는 사람들 얘기로는, 북한 사람은 북한을 탈출해 나오기 전까지는 북한 지도부를 미워하지 않는 경향이 있다. 심지어 탈북 후 북한 정부나 정권에 대해 반감을 표시하는 동안에도 그것이 꼭 북한 자체에 대한 반감으로까지 확장되는 것은 아니다. 우리가 충분히 예상할 수 있듯이, 대부분의 탈북자는 고향과 두고 온 친구와 가족 그리고 자라면서 먹었던 음식을 그리워한다. 북한의 먹을거리를 한국 내 탈북자에게 가져다주는 밀거래가 이루어질 정도다.

북한 주민 다수가 볼 때 한국 방송 매체나 영화를 시청하는 건 정치적인 행동이 아니다. 북한 내에는 즐길 것이 귀하고 드물기 때문에 단지 오락을 위해 하는 활동일 뿐이다.[17] 다만 같은 한국어로 전달된다는 사실이 한국의 방송 프로그램과 영화를 훨씬 더 매력적으로 만드는 것이다.

하지만 북한 사람도 점차 그것들에 익숙해지면서 바깥 세계에 대한 태도도 함께 변하고 있다. 어떤 사람은 자기 눈으로 직접 바깥 세계를 보고 싶다는 결심을 하기도 한다. 하지만 해외 매체에 노출됐다고 해서 북한 사람들이 김씨 세습 지배에 맞서 대규모 봉기를 일으킬 가능성은 여전히 희박해 보인다.

그림책과 책매대

남북한 어느 쪽이나 사람들은 책 읽기를 학습과 관련된 어떤 것으로 보는 경향이 있다. 가장 일반적으로 읽히는 책은 시험 합격을 돕는 교과서다. 남북한의 청소년들은 과학과 수학 같은 전통적인 학과목을 공부한다. 하지만 북한 학생들은 여기에 더해 김일성과 김정일을 심하게 우상화한 전기도 배워야 한다. 진지한 문학 애호가도 있기는 하다. 하지만 정부의 검열과 경제적 형편 때문에 책에 대한 접근은 제한돼 있다. 책을 모아 소장할 정도로 부유한 사람이라면 아마도 러시아나 영어권 작가가 쓴 몇몇 고전과 친숙할 것이다. 가장 많이 읽히는 작가로는 톨스토이, 도스토옙스키, 셰익스피어, 오스틴, 디킨스를 꼽을 수 있다. 대학생들 사이에서는 자본주의 산업화에 의해 위협받는 농민을 주제로 한 토머스 하디의 소설 『더버빌가의 테스』가 토론용 소설로 인기가 높다.

그래도 북한 사회 전반에 걸쳐 폭넓게 인기를 누리는 한 가지 형식의 읽을거리가 있다. 바로 만화다. 일본에 '망가'가 있고 한국에 '만화'가 있듯이, 북한 사람 역시 괜찮은 '그림책(북한에서 만화책을 일컫는 말-역주)'을 즐긴다.

그림책은 전국 어느 마을이나 도시에서 구할 수 있는데, '책매대'라고 불리는 이동식 노점 책방에서 살 수 있다. 이런 간이 책방은 2000년대 중·후반에 등장했다. 이 역시 북한에서 출현하기 시작한 민관 자본주의의 또 다른 사례다.[18]

책매대는 정부 도서관과 출판사 들이 조직한 것이다. 여기에는 청순한 사랑 이야기를 다룬 책이 많다. 하지만 주로 방점은 체제 선전에 있다. 한국사나 지배 가문에 대해 종종 뒤틀린 관점을 제시하는 보다 심각한 책과 달리 그림책 선전물에는 오락적 요소가 있다. 이런 책에 나오는 이야기의 전형은 전쟁 혹은 워싱턴 D.C.나 서울로 침투한 첩보원, '다윗과 골리앗'류의[19]—미국에 맞선 북한을 비유하는 내용의—전투 같은 것들이다. 오랜 고전인『소년 장수』같은 책은 한국이 일제로부터 독립하기 위해 투쟁한 이야기다. 북한 대중은 이런 이야기를 진심으로 좋아한다. 그렇다 보니 그림책은 북한 정부의 효과적이고 우회적인 선전 수단으로 활용된다.

책매대에서는 만화책을 빌려주기도 하고 팔기도 하는데, 돈이 없는 일반 고객은 대여를 선호한다. 거리의 다른 행상인과 마찬가지로 책매대를 운영하는 사람은 수익을 올릴 수 있는 번화한 지역의 이점을 택해 저비용의 상품을 제공한다. 특히 선호되는 장소는 대학교를 포함한 학교 근처다. 주 고객인 10대가 많이 몰리는 곳이다. 사람들로 붐비는 평양의 대학가에서는 수업 사이 시간이 비는 학생이 학교 인근의 책매대에서 최신 첩보 소설이나 군 역사를 다룬 이야기를 넘겨 보다가 강의 시간이 되면 돌아가는 것으로 알려져 있다.

기차역 또한 인기가 높다. 북한의 기차는 예고도 없이 터무니없이 늦게 도착하거나 아예 오지 않는 경우도 있다. 기차를 기다리는 데 지친 여행객이 책매대를 신의 선물로 여기는 것을 보면 '적어도 그는 기차가 정시에 운행되도록 만드셨다'라는 오랜 구절(파시스트 무솔리니 집권 당시의 선전구-역주)이 김정일에게는 해당되지 않은 게 분명하다.

보통 책매대는 이동식 목재 벤치나 탁자 위에 최신의 혹은 가장 인기가 높은—그러니 당연히 손때가 많이 묻은—만화책 상당수를 표지가 보이게 진열해 놓은 형태다. 화려한 그림을 곁들인 그림책 표지가 고객의 눈길을 잡아끈다. 마치 도쿄나 홍콩의 잡지 가판대 같다. 어떤 책매대에서는 전자책을 팔거나 대여한다. 이때는 USB 드라이브가 사용된다. 북한이 변화의 시기를 맞았음을 보여 주는 또 하나의 표시다. 그림책은 한 권에 1,000원 정도 한다. 그래서 대부분은 한 번에 100원쯤(암시장 환율로 2센트 미만) 하는 대여를 선호한다. 고객들은 책매대 옆에 서서 대비가 선명하고 생생한 표지 그림들을 재빨리 훑어본다. 일부 공공 도서관도 그런 서비스를 제공한다.

책매대의 직원은 중년 아줌마인데, 책을 빌려 줄 때는 대여료와 함께 보증용으로 신분증을 요구한다. 그림책의 표지가 밝고 화려한 색상인데 반해 속지는 질이 낮은 종이에 흑백으로 인쇄돼 있는 모양새다. 크기는 대략 A6 정도 된다. 쉽게 반으로 접히기 때문에 대여 시간이 끝나기 전에 빨리 훑어보기 좋다. 10~15분 만에 한 권을 독파하는 사람도 있다.

재래식 서점이 많이 있기는 하지만 북한에서 책을 소장하는 것은 보통 사치로 여겨진다. 그런 점에서 책매대의 출현은 중요하다. 국내 문학작품이 훨씬 더 많은 독자에게 닿을 수 있기 때문이다. 이러한 사실은 오늘날 북한에서 일어나는 자본주의적 변화가 전부 필연적으로 북한 체제에 부정적인 함의를 갖는 것은 아님을 다시 한번 상기시켜 준다. 하지만 일부 책매대를 보면 비이념적인 책, 심지어 외국 만화책까지 거래할 수도 있음을 시사하는 증거가 불완전하긴 해도 점점 늘어나고 있다. 지난 수년 사이에 탈북한 목격자들의 설명으로는, 일부 외딴 시골 책매대에서는 『피노키오』 같은 유명한 서양 동화를 만화로 그린 책이 유통되기도 한다.

컴퓨터에서 태블릿까지

한국이 지구상에서 인터넷망 연결성이 가장 좋은 나라라는 것은 이제 진부한 말이 됐다. 반면 그 점에서 북한은 가장 후진국이다. 그래도 극소수이긴 하지만 북한에도 인터넷을 사용해 본 사람이 있는 건 사실이다. 그런 사람들은 확실히 엘리트층에 속한다. 이들도 북한의 공식 이메일 주소보다는 야후 것을 쓰는 경향이 있다.[20] 북한이 정보에 대한 통제를 권력 독점의 결정적인 수단으로 본다는 점—그리고 한국의 방송 매체와 USB 메모리스틱이 그 독점력을 이미 깨뜨리고 있다는 사실—을 감안하면 북한의 인터넷 차단 정책이 조만간 바뀔 것 같지는 않다. 인터넷 통제가 풀릴 것이라는 소문은 2010년대 초부터 꾸준히 나돌았지만 지금까지는 변화가 없다.

그럼에도 불구하고 북한 내에는 컴퓨터에 일부나마 접근할 수 있는 소수의 사람이 있고, 그 수는 점점 늘고 있다. 북한 정부도 인터넷의 영향을 경계하지만 정기적으로 공표하는 선전물에서는 컴퓨터와 태블릿 기기에 대해 언급하고, 주민에게 IT에 대해 더 많이 배울 것을 권장한다.

현재 북한의 전반적인 IT 상황은 북한보다 부유한 나라들이 1990년에 처했던 상황에 견줄 수 있다. 여전히 소수만 누리기는 하지만, 컴퓨터가 '미래'라는 사실에 대한 인식은 퍼져 있다. 또한 1990년과 마찬가지로 북한에 있는 컴퓨터 다수는 인터넷망에는 아직 연결되지 않은 상태로 존재한다.

랩톱 컴퓨터는 북한 주민들 사이에서, 특히 해외 매체 시청을 즐기는 사람에게는 선망의 대상이다. 크기가 작아 휴대하기 쉽고 숨기기도 쉽기 때문이다. 평양 강동의 시장에서는 중국제 랩톱을 300달러에 판다. 사양에 따라서는 그 이상도 간다. 이만한 액수는 대다수에게 큰돈이다. 중고 데스크톱 컴퓨터도 대당 150달러 정도다.

북한에 있는 랩톱과 데스크톱 컴퓨터 수를 다 합치면 약 400만 대로 추산된다. 국민 여섯 명당 한 대 꼴이다. 컴퓨터의 절반 정도는 상대적으로 부유한 평양에 있기 때문에 이 수치가 전국 평균을 고르게 반영한다고 볼 수는 없다. 평양 이외 지역으로 보면 열한 명당 한 대 정도가 된다.

어떤 컴퓨터들은 인트라넷으로 연결돼 있다. 북한 내에서만 상호 연결되므로 '벽이 있는 정원'이라는 표현이 어울려 보인다. 북한으로서는 일종의 공식 인터넷으로 사용하는 셈이다. 과거 국제 해커 집단인 어나니머스가 이 인터넷망 중 하나를 뚫고 침투했다고 주장한 적이 있다. 하지만 북한 인터넷은 바깥 세계와는 아무런 연결점이 없었을 것이기 때문에 어나니머스가 주장한 내부 침투가 어떻게 가능했는지는 알기가 어렵다.[21]

북한의 최대 인터넷망인 광명은 이용비가 무료이며 대학이나 정부 사무실에서 접속 가능할 뿐만 아니라 전화선과 컴퓨터가 있는 개인도 사적으로 쓸 수 있다. 광명으로 접속할 수 있는 콘텐츠의 상당수는 정규 인터넷에서 가져온 것으로, 검열을 통과한 후에 올려진다. 광명은 또한 이메일과 채팅 메신저, 전자책 도서관, 뉴스, 북한 웹사이트 접속도 서비스한다.

최근 평양을 방문하는 사람들은 시내에서 '태블릿 발견하기' 놀이를 즐긴다. 북한 엘리트들 사이에서 중국에서 구입한 태블릿은 재미있는 장난감이자 신분의 상징이다. 이른바 평해튼의 젊은 거주자들이 카페에 앉아 커피를 마시면서 자신의 모바일 기기를 가지고 노는 모습은 흔히 볼 수 있는 광경이 됐다. 북한 정부도 개발에 착수해 독자 모델인 안드로이드 태블릿 삼지연을 생산했다. 하지만 삼지연은 진정한 북한산은 아니다. 운영체제는 안드로이드이고 내부 회로는 중국 회사 예콘에서 가져왔다. 가격은 200달러인데, 평양 무역박람회에서 한 대를 구입한 소식통은 '앵그리 버드'와 PDF파일 리더, 미리 내려받은 전자책 약간이 갖춰진 상태였다고 설명한다. 기능은 국제적으로 알려진 대부분의 태블릿과 비슷한데, 한 가지만 예외다. 삼지연에는 와이파이 기능이 없다. 와이파이는 북한 내부에서 전혀 쓸모가 없는 사양이기 때문이다.[22]

삼지연의 가격이 꽤 높다는 점과, 이제는 북한 사람도 돈만 있으면 누구나 외제 물건을 살 수 있다는 사실을 감안하면 이 제품이 북한에서 히트를 칠 것 같지는 않다.

여러 취재원의 이야기를 종합해 보면 북한산 제품은 사회계층과 지역을 망라하고 어디서나 인기가 없다. 일본산이나 유럽산 제품은 누구나 갖고 싶어 하고, 중국제는 품질과 가격이 낮지만 북한산보다는 그래도 좀 낫다고 생각한다. 그런 점에서 삼지연은 북한 주민—과 외부세계—에게 북한도 정보 혁명에 동참하고 있음을 과시하기 위해 선전용으로 개발된 제품으로 볼 수도 있다.

평양 시민이 태블릿을 사용하는 장면은 단연 눈길을 끈다. 하지만 진짜 관심을 기울일 만한 부분은 PC에 USB 드라이브를 연결해 사용하는 사람이 늘고 있는 현상이다. 2010년에 북한에서 넘어온 지 얼마되지 않은 탈북자 250명을 상대로 벌인 설문 조사를 보면, 응답자의 16퍼센트가 컴퓨터를 사용해 본 적이 있는 것으로 나타났다. 이보다 앞서 텔레비전과 DVD 접속자 수가 폭발적으로 증가한 것을 감안하면 이 수치도 지금쯤은 훨씬 더 늘어났을 것이라고 추정하는 게 합리적이다. 또한 컴퓨터는 한 대만 있으면 USB 메모리스틱을 통해 잠재적으로는 무제한인 다수의 사람이 해외 매체 콘텐츠를 받을 수 있기 때문에, PC가 국가의 정보 통제를 무너뜨릴 수도 있는 잠재력은 실로 막대해 보인다.

해외 매체와 PC가 결합하면서 또 다른, 악의 없는 호기심 어린 결과물이 생겨났다. 한국 방송 프로그램에 나오는 PC방을 본 것인지 그걸흉내 내기 시작한 것이다. 그 결과 게임용 PC로 가득한 인터넷 카페가몇 군데 생겼다. 하지만 한국과 달리 북한 PC방에서는 게임을 혼자 즐기는 걸로 만족해야 한다.[23] 그나마 북한 주민들이 즐길 수 있는 것 중에 인터넷과 가장 비슷한 것은 USB 스틱을 통한 파일 공유다.

음주가무

음주가무(飲酒歌舞)라는 네 글자로 된 한자어의 뜻은 '술 마시고 노래하고 춤추는 것'이다. 물론 이 세 가지는 함께 가는 경우가 많다. 한국에서는 특히 그렇다. 한국에 관한 영어책에서 음주가무라는 단어를 볼 일은 거의 없지만, 한국에서 생활하는 데 있어서는 중요한 부분에 속한다. 한국인을 '동양의 아일랜드인'이라고 부르는 판에 박힌 묘사가 있긴 하지만, 이 음주가무라는 표현만큼은 판에 박힌 묘사치고 상당한 진실성을 담고 있다.

한국에서 시간을 보내 본 사람이라면 누구나 밤에 맥주와 소주를 마시고, 노래방에서 애창곡을 부르고 춤을 추고 탬버린을 치며 놀아 본 경험을 이야기하기 마련이다. 분단 70년에 접어들어서도, 주술적 전통과 단오 같은 고대 축제까지 거슬러 올라가야 연원을 찾을 수 있는 음주가무의 정신은 한국 문화에 워낙 뿌리 깊게 박혀 있다. 북한 사람도 여전히 그걸 좋아한다는 사실을 숨기지 않는다.

북한 지도자 또한 예외가 아니다. 김정일은 파티를 좋아한 것으로 유명하다. 그는 특히 술을 상당히 즐겼다.[24] 제일 좋아한 술은 값비싼 헤네시 코냑이었는데, 이 술은 한국의 여러 재벌 총수도 즐겨 마신다. 김정일의 측근들도 음주로는 특기할 만했다. 농구선수 데니스 로드맨이 휴양 도시 원산을 방문했을 때의 일을 보면 김정일의 아들 김정은도 그 뒤를 따르는 것으로 보인다. 두 사람은 사흘 동안 데킬라와 보드카 같은 술을 무진장 마셔 댔다. 둘은 제트스키 경주를 벌이는가 하면 김씨 일가 소유의 60미터 길이 요트를 타고 항해하는 것도 즐겼다. 김정은은 부친과 달리 코냑보다 프랑스산 적포도주를 좋아하는 것으로 보도됐다.

북한의 보통 사람에게 데킬라는 언감생심이다. 대부분은 국경일이나 결혼식 같은 특별한 날에 양덕술 같은 국영 주조 회사의 술이나 대동강맥주를 마셔 봤을 뿐, 외국인이 북한 방문 기념으로 살 수 있는 도수 높은 과실주(백두산 블루베리 와인) 등은 맛도 보지 못했을 가능성이 크다.[25] 나이 많은 탈북자 말로는, 집에서 담근 것이 아닌 '정식' 술을 평소에 마시는 것조차 사치이며, 이것도 대개 국경일에나 마실 수 있다고 한다.

원래 북한에서는 관행적으로 김일성과 김정일의 생일, 새해 정초, 정부 수립일인 9월 9일(구구절)에 병에 담긴 술이 배급됐다. 이런 날은 일을 하지 않는 날이어서 술에 취하는 것이 기정사실로 받아들여졌다. 지금은 술 배급을 확실히 기대할 수 없는 상황이다. 하지만 풀뿌리 자본주의가 자라는 분위기를 타고 주류에 있어서도 사적 매매가 점점 늘어나고 있다.

그 결과, 대동강 같은 대중시장용 맥주는 어디서나 구할 수 있다. 그밖에 전국적으로 맥주 양조 회사가 아홉 개 더 있다. 북한의 맥주 회사 수는 한국보다 많다. 이 중에서 최고로 꼽히는 회사는 경흥인데, 이 회사는 바와 음식점도 운영한다. 하지만 북한에서 합법적으로 마시고 취할 수 있는 비용 대비 최고의 주류는 한국에서와 마찬가지로 소주다. 공원에서 사람들이 소주 마시는 장면은 흔히 볼 수 있다. 가장 유명한 브랜드는 평양소주다. 2000년대 초 햇볕정책 시절에는 서울에서도 이따금씩 볼 수 있었다. 다른 도시들도 각각 자체 소주를 생산한다.

이와 함께 북한 주민은 자기 집에서 만든 밀주를 즐겨 왔다. 주민들 다수, 특히 도시 교외 거주민과 극빈자로서는 밀주밖에 기댈 게 없다. 전형적인 가내 양조 술은 가장 기초적인 방식으로 만들어진다. 옥수수나 과일 혹은 인삼 같은 것을 병이나 단지에 넣어 두거나 보온을 위해 옷가지 밑에 묻어 두고 발효시키는 식이다. 완성품은 제조한 사람의 가족이 먹거나 이웃 사람에게 팔거나 서로 교환하기도 한다. 이런 종류의 밀주는 최소한 조선왕조 시대부터 만들어져 왔다. 한국에서도 1960년대까지는 가내 양조가 활발했다. 그 뒤로는 정부가 가양주(家釀酒)를 단속하고 공장에서 제조한 소주를 사 먹도록 권장하기 시작했다. 공장 제조 소주는 박정희의 국가 산업화 노력에도 부합했다.

반면 북한에서는 가내 밀주 관행이 그대로 지속됐다. 집에서 만든 술은 농태기 혹은 농주라 불린다. 대다수 가정주부가 술 만드는 법을 알고, 술을 잘 빚는 여성은 마을에서 유명해진다. 원하는 경우 자신의 밀주를 작은 사업으로 돌릴 수도 있다. 뉴스 웹사이트에 인용된 탈북자의 말이나 확인된 다른 소식통에 따르면 옥수수를 사서[26] 농태기를 담근 후 시장에 내다 팔면 투자금을 두 배로 키울 수 있다. 얼마간의 술 찌꺼기가 남기도 하는데 이것도 먹을 수 있다. 하지만 맛이 좋지는 않다.

북한에서 농태기는 불법이다. 하지만 그걸 막기는 사실상 어렵다. 단속하는 사람도 다른 사람 못지않게 잘 마시기 때문이다. 한 탈북자의 말로는, 북한 남성의 80~90퍼센트가 매일 술을 마신다.「월, 화, 수, 목, 금, 토, 일 반주」라는 제목의 곡이 인기를 끌 정도다. '마셔라, 월요일, 화요일, 수요일, 목요일, 금요일, 토요일 그리고 일요일에도' 라는 내용의 노래다.

북한 남성은 술을 좋아하는 한국 남성보다 훨씬 더 많이 마시고, 북한 여성은 한국 여성보다 훨씬 적게 마신다. 하지만 이 역시 바뀌기 시작했다. 북한에서 일을 하는 계층의 여성이 이제는 종종 가계까지 책임지게 되면서 자유로워지고 있을 뿐만 아니라 일과 후에 풀어야 할 스트레스도 더 커지고 있기 때문이다.

저 외딴 세계인 평양에 자본가 엘리트가 늘어나고 전통 엘리트는 부유해지면서 평양에는 새로운 바와 음식점 들이 끊임없이 생겨나고 있다.[27] 자체 라거 맥주와 에일을 즉석에서 제조하는 소규모 양조 바도 몇 군데 있다. 적지 않은 수의 도시 부유층 남성들은 서울의 회사원처럼 퇴근 후 자주 맥주를 마신다. 많은 음식점이 밤새 영업을 하고 음악이나 노래 같은 여흥을 제공한다. 음식점에서는 수입 와인은 물론 그보다는 값이 싼 소주도 인기가 높다. 그중에서도 위스키는 아주 높게 쳐준다. 직접 마시는 술로도 높게 치지만 일종의 현찰처럼 사용되기도 한다. 근사한 위스키 한 병을 건네면 경찰도 눈을 감아 주고, 교수도 최고 학점을 주며, 정말이지 외국 관광객은 특별 대우를 받는다.

북한의 도시 사람들이 여윳돈으로 밤을 즐기기 위해 선택할 수 있는 또 다른 것으로는 포장마차가 있다. 한국 어디서나 볼 수 있는 노변의 오렌지색 가건물은 북한에도, 적어도 평양에는 1980년대 후반까지 존재했다. 그 뒤로는 정부가 단속에 나서 사라졌다가 최근 들어 다시 부활하고 있다.

한국과 달리 북한에서는 집에서 종종 파티를 연다. 사회 계급을 불문하고 서로의 집에 모이는 것을 좋아한다. 생일이나 다른 특별한 날이면 음식과 술을 함께하며 축하를 나눈다. 공적인 장소에서 하는 모든 행동에 대해 상대적으로 강한 통제를 받는 나라이다 보니, 가정 파티는 자연스럽게 긴장을 풀 수 있는 방법으로 자리 잡았다. 가정 파티를 경험해 본 사람들은 여기서 마시는 술의 양이 한국 사람들을 무색하게 할 정도라고 말한다. 한 탈북자는 서울에 와서는 과거 고향 마을 가정 파티 때만큼 즐겁게 놀아 본 적이 없다고 했다. 친구들과 농태기를 진창 마시고 한국과 서양 팝 음악에 맞춰 춤을 추기도 했다는데, 이때 음악은 USB 드라이브에 담아 와 DVD, MP3 플레이어를 대형 스피커에 연결해 들었다고 한다.

평양의 대학생은 서울의 대학생과 마찬가지로 부모와 함께 산다. 그러다 보니 집 안에서 파티를 열기가 어렵다. 대안으로 찾은 방법이, 버려진 집에 친구를 불러 모아 노는 것이다. 버려진 집은 시내에도 많이 있어 젊은 연인이 몰래 숨어들어 사랑을 나누는 장소로 이용될 때도 있다. 어떤 학생들은 교외의 농촌으로 파견돼 강제 노동을 하는 벌을 피하는 대신 즐기기도 한다. 부모로서는 자식이 강의실에서 쫓겨나 멀리 떨어진 곳에서 머슴처럼 일해야 한다는 생각에 분통이 터지지만,

학생 자신은 이때를 그곳에서 매일 파티를 즐기고 이성 친구들과 만나는 기회로 활용한다.

파티에 참가한 사람들은 사회 계급과 상관없이 모두 기타나 다른 악기를 연주하거나 노래를 선창하는 식으로 흥을 북돋운다. 어디서나 마찬가지로 북한에서도 노래 잘하고 기타 잘 치는 사람이라면 사회적 이점을 누린다. 여성에게 좋은 인상을 주는 것도 그중 하나다. 소주는 좋은 분위기를 이어가는 데 도움이 된다. 가정 파티를 하다 도중에 전기가 나가더라도 사람들은 촛불을 켠 채 파티를 이어 간다.

주로 업소에서 볼 수 있는 가라오케 기계를—한국에서는 노래방 기계, 북한에서는 '화면 반주 음악'이라고 한다—집에 들여놓기도 한다. 서울 사람들로서는 평양 시민들이 아파트 안에 노래방 기계를 두고 있다는 상상을 하면 깜짝 놀랄 것이다.[28] 화면에 자막으로 뜨는 가사를 따라 노래를 하고 친구들은 노래에 맞춰 춤을 추거나 박수를 치고, 병에 숟가락을 꽂아 마이크처럼 들고 노래를 부르는 모습은 한국과 다르지 않다.

최근에는 외국 음악을 접할 기회가 많아지고 있다. MP3 플레이어 덕분이다. 값싼 플레이어 및 MP3 파일이 중국에서 들어온 결과다. 플레이어는 장마당에서 약 8달러에 팔린다. 정말 가난한 사람들로서는 엄두도 못 낼 비싼 가격이지만, 장사를 하는 집이나 북한의 신흥 자본주의 현실에 적응할 수 있었던 사람이라면 충분히 살 수 있는 정도의 가격이다. 부모는 10대 자녀에게 교육 목적으로 MP3 플레이어를 사 주지만 청소년들은 그 MP3에 다른 무엇보다 한국의 대중가요를 넣고 다닐 가능성이 크다.

북한 대중가요는 '쿨'하다는 말과 거리가 멀다. 북한에도 사랑 노래는 많지만 가사가 검열을 거쳐 순화되다 보니 젊은 사람은 도무지 듣고 싶지 않은 노래가 되고 만다. 결국 대부분이 지도자 가족을 찬양하고 부지런히 일할 것을 독려하거나 고향과 엄마에 대한 옛 추억을 전하는 곡이다.[29] 사람들은 간혹 이런 노래들을 조롱하기도 한다. 인터뷰에 응한 어떤 사람은 평양의 대학생들이 교실을 떠나야 할 시간이 되면 옛 선전 가요인 「나가자, 나가자」라는 노래를 우스꽝스러운 방식으로 부른다고 설명했다.

한국의 대중가요는 주로 사랑과 이별에 관한 내용이다. 모두 젊고 호르몬 넘치는 세대가 관심을 보이는 주제다. 거듭 말하지만 북한 사람은 로봇이 아니다. 그렇기 때문에 북한 젊은이의 MP3 플레이어에 북한 대중가요는 별로 없다. 불법이어서 적발되면 처벌을 받는데도 아랑곳없이 한국 음악을 듣는다. 부모 입장에서도 자녀가 한국 노래를 듣다가 적발되더라도 뇌물로 무마할 준비가 돼 있다. 그러지 않으면 직장을 잃을 수도 있고 더 나쁜 상황에 직면할 수도 있지만 북한 사람들의 한국 음악 선호도가 낮아질 것 같지는 않다.

그렇다고 북한의 대중음악을 아무도 듣지 않는다는 말은 아니다. 북한 노래는 보통 트로트, 뽕짝 리듬 및 음계로 구성돼 있어서 경쾌한 느낌을 준다. 일제 강점기에 한국으로 들어온 일본 엔카의 영향을 받은 것이다. 뽕짝은 남북한 모두 나이 많은 세대에 인기가 있다. 북한의 경우는 여기에 소련의 영향도 더해져 음향이 좀 더 오페라에 가까운 느낌이 난다. 이런 노래는 박자를 조정한다. 북한 버스 운전수에게서 북한 노래 약 200곡이 들어 있는 USB 메모리스틱을 입수해 들어 봤는데, 노래에서는 끊임없이 '장군님'을 이야기했다. '경애하는 장군'이라는 뜻의 이 칭호는 김정일을 가리키는 말이다.[30] 그런 가사를 무시하고 들으니 대부분이 서울의 나이 많은 택시 기사가 주로 듣는 한국의 트로트와 유사했다.

북한에는 잘 알려진 음악단이 여럿 있다. 모두가 문자 그대로 국립 기관이며 정부가 창단했다. 보천보전자악단, 왕재산경음악밴드가 보다 대중적이다. 둘 다 1980년대에 창단됐는데, 이름은 김일성이 참전한 전투 명칭에서 따왔다. 김정은의 부인 리설주가 속해 있던 은하수 오케스트라도 있다.

이 단체의 일부 단원이 2012년 총살부대에 처형됐다는 보도가 있었다. 한국의 「조선일보」에서 보도한 내용으로는, 포천보전자악단 소속 가수였던 현송월은[31] 김정은의 전 여자친구였다. 둘의 결합을 반대했던 김정일이 2011년 12월에 사망하자 김정은과 현송월은 다시 만나기 시작했지만, 리설주의 등장으로 현송월은 떠나야 했고 그녀와 몇몇 동료 단원은 포르노를 찍었다는 날조된 혐의를 뒤집어쓴 채 가차 없이 제거되었다. 심지어 그 포르노에는 리설주가 포함돼 있었고, 처형은 그 사실을 덮기 위한 방편이었다는 주장이 나오기도 했다.

하지만 이 이야기는 신빙성이 좀 떨어진다. 「조선일보」는 한국 정부의 정보기관과 가까운 관계에 있는 익명의 정보원에 근거한 기사를 싣는 경향이 있는데, 이 기사를 보면 북한이 사악하거나 기괴한 나라 혹은 그 둘 다인 것처럼 보인다.[32] 이런 보도는 역으로 한국 정보기관의 국내 입지를 강화해 준다. 정보기관이 정치화하고 있다는 이유에서 지속적으로 개혁 요구를 받는 시대에는 특히 그렇다. 이런 부류의 기사는 확인하거나 부인하기가 대단히 어렵기 때문에 해외 매체 기자들은 이를 사실로 받아들여 그대로 보도하기 마련이다. 그러나 이후 현송월은 모란봉악단 단장으로 부활해 건재를 과시했다.

어쨌거나 북한 정부는 이제 포천보, 왕재산 같은 악단이 시대에 뒤떨어졌음을 암묵적으로 인정하는 것으로 보인다. 아마 끊임없이 흘러나오는 한류 물결에 대한 대응인 듯한데, 북한은 이제 짧은 치마에 매혹적인 헤어스타일로 단장한 자체 걸그룹까지 두고 있다. 김정은이 직접 창설했다고 전해지는 모란봉악단은 북한 정부가 이제 갓 출범한 3대째 김씨 시대에 현대적인 광택을 더하려는 노력을 상징하게 되었다. 한국의 걸그룹과 달리 모란봉악단은 멤버들이 직접 악기도 연주한다. 아리랑 축전에서 볼 수 있는 정교함을 만들어 내는 체제가 배출한 스타들에게서 충분히 예상할 수 있듯이, 이들의 연주 기량에는 빈틈이 없다.

이들은 옛 혁명 가요를 드라마틱하게 편곡해 최신 버전으로 들려줄 뿐 아니라 미국 대중문화 요소까지 살짝 곁들여 영화 「록키」의 주제음악을 연주하거나 무대에 미키 마우스를 등장시키기도 한다. 모두가 김정일 시절에는 일어나지 못했을 일이다.

그렇기는 하지만 모란봉악단의 스타일은 1980년대풍에 가깝다. 그에 반해 한국의 대중가요는 21세기이다 보니 모란봉악단과 북한 청소년들의 관심을 두고 경쟁할 처지는 못 된다. 그래도 단원들의 단발머리는 평양의 중산층 여학생 사이에서 꽤 인기가 있다.

여행과 여가

평균적인 북한 주민에게 해외여행은 상상조차 하기 어려운 일이다. 불법일 뿐 아니라 엘리트나 신흥 교역 계층이 아닌 사람에게는 대단히 낯설기 마련이다. 불행히도 북한 안에서 오가는 국내 여행도 많은 사람에게는 드문 일이다. 최근 늘고 있긴 하지만. 북한에서는 주민이 자기가 사는 지역 밖 장소로 여행하는 것 자체가 불법이다.[33] 허가를 받았을 때만 예외적으로 허용된다. 허가를 받더라도 교통 기반 시설이 부실한 탓에 여행은 기간이 오래 걸리고 힘이 많이 든다. 북한의 철도 체계는 전반적으로 봤을 때 오히려 80년 전이 더 나았다는 말은 과장이 아니다. 중간중간 일어나는 단전과 교통마비 때문에 전국을 일주하는 데 일주일이 걸릴 수 있다. 그러다 보니 평생 자기 고향 집을 한 번도 떠나 본 적 없는 사람이 많다는 사실도 하등 놀랍지 않다. 그런 사람에게 수도인 평양은 다른 나라에 속하는 것처럼 들릴 수 있다.[34]

그렇기 때문에 북한 주민은 첫 기차 여행을 오랫동안 잊지 못할 사건으로 여긴다. 남자들은 일반적으로 군 복무 기간에 처음 기차 여행을 경험한다. 특정 부대에 배치를 받아 이동할 때 기차를 처음 타보게 된다. 북한의 기차를 타보면 군복 차림 남성이 유난히 많은 걸 볼 수 있다. 객차의 두세 량 정도는 군용으로 배정돼 있을 가능성이 크고 어떤 때는 그 정도로 충분치 않기도 하다. 다른 일반 객차까지 병사로 가득 차 있을 때도 있다.

하지만 요즘 들어서는 새로운 유형의 승객이 생겨나고 있다. 북한에서도 풀뿌리 자본주의의 움이 트면서 사업차 전국을 가로질러 여행하는 사람이 점점 늘어나고 있다. 이제는 현금이 왕이기 때문에 뇌물만 주면 한 곳에서 다른 곳으로 이동하기 위한 허가를 받을 수 있다.[35] 평양 수도권으로 들어가는 데 드는 뇌물은 15~30달러 정도며, 중국 위안화와 같은 외국 돈을 받는다.[36] 앞서 얘기했듯이 아파서 치료를 해야 한다거나 아픈 친척을 방문해야 할 필요가 있다는 핑계만 대면 부패 관리들은 허가권을 내준다. 그 덕분에 장사를 하는 사람들은 자신이 속한 작업 소조를 떠나 청진 같은 사업 중심 도시로 이동한 후에 물건을 대량으로 살 수 있다. 그런 다음에는 교통망이 덜 발달된 마을로 가서 이윤을 남기고 물건을 되판다.

도시 간 사업 여행은 늘어나는데 기차 운행은 자주 있지 않다 보니 북한 기차 안은 사람들로 넘쳐난다. 승객끼리 어깨가 부딪히는가 하면, 곳곳에 여행 가방이 있고 심지어 화장실 칸에도 짐이 들어차 있다. 상황이 이렇게 되면서 재미있는 결과가 벌어지기도 한다. 기차 여행이 사람들끼리 자유롭게 사귈 수 있는 귀중한 기회가 돼주는 것이다. 북한에서는 비공식으로 네 명 이상 모이면 처벌을 받을 수 있다. 그래서 어떤 단체 활동도 당국의 지시 밖에서는 이뤄지기가 어렵다. 하지만 오늘날 기차는 예외다. 승객들은 서로 다시 볼 일이 없을 거라는 사실 때문에 서로 간에 더 개방적이 된다. 볼거리와 흥미진진한 이야기를 나누고, 긴 기차 여행 중에도 노래와 농담과 음담패설로 활기를 북돋우는 사람들이 있다. 서로서로 뉴스와 소문을 교환하기도 하고, 그러면서 당국에 대한 비판적인 속내를 드러내기도 한다. 다른 어떤 공공장소에서는 생각도 할 수 없는 일이다.

휴가는 어떨까? 전통적으로 진정한 휴가 여행은 드물고, 휴가 사이의 간격도 넓다. 자신이 속해 있는 작업 소조에서 다른 지방으로 단체 여행을 가는 경우는 많다. 특히 칠보산, 백두산, 금강산 같은 산으로 많이들 간다. 하지만 그전까지 개인은 여행지를 정할 수 없었다. 쉴 틈도 별로 없었다. 여행 일정이 정치적인 목적의 단체 활동으로만 채워지기 때문이었다. 북한에서 원산 같은 해변 휴양지로 여행 갈 수 있는 사람은 엘리트들뿐이었다. 여가 시간에 호텔 숙박비를 낼 돈까지 있는 사람은 그들밖에 없었다.

하지만 새로운 북한의 자본주의 시대가 열리면서, 새롭게 떠오른 상업 계급, 그중에서도 보다 크게 성공한 사람에게는 여가의 기회가 생겨나고 있다. 그 정도의 여윳돈과 자유 시간을 갖게 된 사람이 아직 많다고는 할 수 없지만 점점 늘어나고 있다. 이들 중 일부는 자기 차량도 가지고 있다. 이런 사람들을 직접 겨냥해, 수도 시정을 책임지는 평양시 인민위원회는 가장 유명한 국영 매체인 「로동신문」의 광고를 통해 국내 여행을 장려하고 있다. 2013년 8월에는 평양 남서쪽에 있는 황해남도 용수포 해수욕장으로 가는 3일짜리 여행 티켓을 내놓기도 했다. 여기에는 작업 소조뿐 아니라 개인 가족을 위한 자리도 있었다.

국영TV의 뉴스 보도원도 2013년 봄과 여름 내내 해안 관광을 선전했다. 많은 사람이 함흥 인근 마전 해수욕장에서 수영을 하거나 비치 발리볼을 하는 모습을 보도 화면으로 내보내 이런 활동은 누구나 즐길 수 있는 것이라는 인상을 주었다. 물론 현실은 그렇지 않다. 평균적인 북한 사람들은 여전히 절대 빈곤 속에서 산다. 해변에서 사흘을 보낼 수 있을 만한 돈과 시간이 없다. 하지만 당국이 그전까지는 엘리트에게만 한정돼 있던 것을 이제는 현찰만 있으면 누구에게나 개방하고, 심지어 선전까지 한다는 사실은 관료 집단 내에서도 상업주의에 대한 태도가 상당히 바뀌고 있음을 웅변한다.

이런 흐름과 함께 가는 것은 김정은 정부가 여가와 스포츠 활동에 새로운 관심을 보인다는 점이다. 강경한 선군 이미지로 유명했던 김정일이 사망한 이후 국가의 선전은 번영과 심지어 즐거움에 기초한 이미지를 선전하는 쪽으로 얼마간 옮겨 갔다. 이런 경향은 김정은이 총애하는 사업을 보면 알 수 있다. 그중에서도 가장 유명한 것은 마식 스키 리조트이지만 그 밖에 테마파크와 3D 영화, 돌고래 쇼를 하는 '시월드' 같은 물놀이공원도 있다. 이런 경향은 의심의 여지 없이 김정은 자신의 보다 젊고 친근한 개인 성향에 부합한다(뚱한 아버지와 비교했을 때 특히 그렇다). 동시에 국내에서 자신을 규정하는 이미지를 만드는 데도 도움이 될 것이다. 그런 사업들이 조만간 처치 곤란한 것들로 판명나지만 않는다면 말이다. 하지만 전국이 골고루 번영하는, 아니 그보다 어느 정도 기반 시설을 갖추는 것도 요원해 보이는 나라에서 3D 영화를 만들고 스키 리조트를 건설하는 데는 카고 컬트(원시인의 화물기 숭배 - 역자 주)적 요소도 분명 존재하는 것으로 보인다.

북한이 보여 준 과거 실적으로만 보면 국가 주도식 번영에 대해 별다른 희망을 갖기 어려울 수 있다. 하지만 앞으로 10~15년 후에는 보다 나은 도로와 철도가 들어설 가능성이 높다. 평양에서 건설 붐이 일어나는 데 맞춰, 러시아와 북한을 연결하는 철도(유라시아 전역을 가로지르는 것을 목표로 한 일명 '철의 실크로드')는 물론 중국과 북한을 잇는 두 주요 도로(원정-나진로와 압록강교) 건설 사업에도 자금이 투입되고 있다.[37]

또 다른 대형 프로젝트는 원산 – 함흥 도로 건설이다. 이 사업의 자금은 북한 자체에서 나오기보다 러시아와 중국에서 나온다. 두 나라로서는 북한과 도로·철도 사업을 키워 갈 필요성이 있다. 러시아는 부동항에 접근하기 위한 길을 확보해야 하고, 중국은 천연자원에 대한 수요가 있기 때문이다. 양국 모두 북한을 기회의 땅으로 보기 때문에 이와 같은 투자는 계속 늘어나고 있다.[38]

새로 건설되는 도로 위로 다닐 차량도 점점 늘어날 가능성이 크다. 평양과 다른 주요 도시를 정기적으로 방문하는 사람들은 북한에 개인 소유 차량이 눈에 띄게 늘어났다고 전한다. 물론 출발점을 아주 낮게 잡은 것이기는 하다. 이런 현상 역시 사회가 시장화되고 자본주의가 출현한 결과다. 특히 다양한 형태의 민관 합작 사업이 늘어난 결과인데, 북한 엘리트들은 여기에 점점 숙련돼가고 있다.

개인 차량의 증가 정도는 평양 시내 도로의 최고 아이콘으로 꼽히는 '교통 소녀'까지 위협할 정도다. 교통 소녀란 평양 시내에서 일종의 인간 신호등 역할을 하는 젊은 여성을 가리키는데, 이들이 위협받는다는 얘기는 소규모이긴 하지만 평양 시내에서도 교통 체증이 일어난다는 뜻이다. 적어도 2012년만 해도 이런 교통 체증은 공상과학소설에나 등장하는 현상이라고 어떤 평양 주재 외교관은 말했다. 이런 추세가 계속되면 도로 위의 교통 소녀도 신호등으로 모두 대체될 게 틀림없다.[39]

담배와 다른 향정신성 물질들

북한에서 흡연하는 모습은 모든 사회 계급을 막론하고 남자들 사이에서 흔히 볼 수 있다.[40] 「로동신문」으로 직접 담배를 말아 피우는 사람도 있는데, 이때는 통치 가문의 일원이 담긴 사진을 찢는 일이 없도록 조심해야 한다. 다른 흡연자들은 북한에서 구할 수 있는 수십 종의 국산 담배 중에서 골라 피운다. 김정은 역시 아버지, 할아버지와 마찬가지로 애연가다. 김정은은 '727'이라는 이름의 값비싼 북한산 담배를 좋아한다. 727은 6·25 전쟁이 끝난 날짜에서 따온 것이다. 평양 호텔 매장에서 한 갑에 300원 정도 한다. 실질적인 가격은 한 갑에 3달러 정도인 셈이다. 보통 담배보다 세 배나 비싸다.[41]

아마도 해외에 가장 많이 알려진 북한 담배 브랜드는 '평양'일 것이다. 이 담배는 2008년 중국과 북한이 400만 유로를 투자해서 세운 평양백산 담배합영회사가 제조한다. 하지만 북한에서 가장 좋은 담배는 아니다. 요즘은 727, 아니면 '새봄'이라는 이름의 또 다른 국산 담배를 최고로 꼽는다. 아주 최근까지는 '크레이븐 A'도 인기가 높았다. 세계적 담배 회사인 BAT와 북한 국영 회사인 고려서경 무역회사가 합작으로 생산을 시작했다. BAT는 2001년 합작 당시 60퍼센트 지분에 해당하는 710만 달러를 투자했다.[42] 처음에는 가격이 저렴한 '금강산'을 생산했고 이후 크레이븐 A를 선보였다.

로고로 사용된 고양이 이미지 때문에 고양이 담배라고도 불리는 크레이븐 A는 북한 엘리트들이 가장 선호하는 담배 브랜드로 알려져 있다. 이런 고가의 담배는 낮은 단계의 근사한 뇌물로 사용된다. 북한 지폐보다 확실히 나은 가치가 있기 때문이다. 또한 북한 엘리트의 일원들이 자신의 지위적 특권을 이용해 북한에서 제조한 크레이븐 A를 중국에서 팔아 수익을 챙기는 것도 확실해 보인다.

담배는 실제로 북한 밀수업자들 사이에서도 점점 물량이 늘어나고 있는 수출 품목이다. 이 사업이 불법이긴 하지만 북한산 담배의 가격이 낮기 때문에 차액을 챙길 수 있다. 국경을 넘어갈 때 밀반출한 후 중국 현지 브랜드로 재포장해서 파는데, 중국 흡연자는 크게 신경 쓰지 않는 것처럼 보인다. 북한의 고급 담배는 품질이 좋기 때문이다. 왜일까? 해답은 경쟁에 있다. 북한의 모든 '공식' 사업과 마찬가지로 담배 생산도 국가 통제하에 있긴 하지만 서로 다른 다양한 브랜드로 경쟁하는 공장이 많이 있다. 더욱이 새로운 민관 혼합 자본주의 시대에 각 공장을 책임지는 공무원은 소비자의 수요를 만족시켜야 한다는 직접적인 경제적 동기를 갖는다. 보도된 바로는, 국방위원회 같은 힘 있는 정부 기관은 조직의 힘을 이용해 수익이 큰 담배 공장에서 다른 부서를 밀어내고 자신들이 차지하기도 한다.

북한에서 담배 수요는 언제나 많다. 2000년 이후 북한 정부는 산발적으로 금연 캠페인을 벌여 왔다. 김정일 자신이 흡연자를 두고 21세기의 '3대 바보들' 중 하나라고 부르기도 했다.[43] 하지만 그도 담배를 끊지 못했다. 김정은 역시 흡연가다. 그 점에 관한 한 그에게는 그의 불운한 신민 다수와 공통된 점이 최소한 한 가지 있는 셈이다. 어떤 이들은 북한에서 흡연이 만연한 상태를 두고 그곳에서 살다 보면 스트레스가 가득할 수밖에 없기 때문이라고 설명하고 싶어 한다. 하지만 이건 너무 멜로드라마 같은 분석이다. 2006년까지만 해도 중국 남성의 59퍼센트가, 한국 남성도 53퍼센트가 흡연자로 분류됐다.

북한에서는 전통적인 유교의 영향을 받은 가치관이 여전히 강력한 힘을 발휘한다. 따라서 연장자 앞에서 담뱃불을 붙이는 것조차 사회적으로 용납될 수 없는 것으로 간주된다. 또한 여성이 담배를 피우는 것도 금기시된다. 다만 중년의 아줌마는 이런 규칙에서 면제된다(아줌마는 파이프 담배를 더 많이 피우는 경향이 있다). 전통적인 한국인의 사고방식에서 나이가 많으면 여성이라는 점보다 연장자로서의 위상이 우선이다. 이러한 사회규범이 북한의 체제 특성과는 아무 관계가 없다는 점에 주목할 필요가 있다. 한국에도 아주 최근까지 이와 똑같은 규범적 태도가 존재했다. 그럼에도 불구하고 한국에서는 여성이 담배 피우는 것을 막지는 못했다. 여성은 담배를 피우고 싶으면 몰래 즐겼다. 흡연 습관이 있는 북한 여성도 사정은 마찬가지다.

그렇다면 북한 여성은 더 독한 담배를 피울까? 2013년 해외 언론은 북한이 대마초 흡연가의 천국으로 부각된 사실을 두고 스스로 흥분했다. 하지만 당시 보도는 과장이 심했던 것으로 밝혀졌다. 세계 다른 나라에서와 마찬가지로 한국인도 대마를 오랫동안 유익한 식물로 여겼다. 그래서 1930년대만 해도 대마초는 한반도 전역에서 재배됐다. 특히 날씨가 상대적으로 더 온화한 남단 지방에 많았다. 대마는 돈이 되는 작물이었다. 이정행의 연구에 따르면, 여름철에 마로 천을 짜서 옷을 만들어 입는 사람이 전체 인구의 3분의 1 가까이 됐다. 대마는 벼보다 일찍 파종할 수 있기 때문에 대마를 재배하면 연중 내내 땅을 놀리지 않고 두 가지 작물을 기르고 수확할 수 있었다. 한국에서는 1950년대 후반만 해도 약 9,000헥타르(약 2722만 5,000평)의 땅이 대마 경작지로 쓰였다.

이런 사실을 감안하면 사람들은 자연스럽게 대마초의 즐거움을 알게 됐을 수 있다. 분단 이후에도 남북한 사람들은 계속해서 마리화나를 즐겼다. 하지만 사회적 문제가 될 정도까지는 아니었다. 그 외에도 한반도에서 전통적으로 재배된 대마초의 종류가 특별히 강한 것은 아니었다. 많은 사람이 그저 담배 대용품, 그러니까 평소 손으로 말아 피우는 담배가 부족할 때 허전함을 메우기에 적당한 다른 무엇 정도로 여겼다. 오늘날 북한 사람들은 대마로 만든 담배를 '잎담배'라고 부른다.

한국에서 담배 생산을 독점하는 국영 회사 KT&G는—당시는 전매청이었다—1960대에 전국적으로 담배 생산량이 부족할 때는 마리화나 성분을 담배에 넣기도 했다. 실제로 한국에서 마리화나가 금지된 것은 1970년대 들어 박정희 정부가 미국 정부의 압력에 따라 내린 조치에 따른 것이었다. 과거 한국에서 평화봉사단 자원봉사자로 활동했던 사람들은 당시 전국을 다니며 대마초를 불태우라는 지시를 받았다고 회상한다. 박정희 정부는 마리화나 단속을 강하게 밀어붙였고, 지금도 대마초 흡연자는 적발되면 감옥에 간다.

하지만 북한에는 그런 평화봉사단이 없었다. 대마를 경작하고 이따금 피우기도 하는 일은 아무런 방해를 받지 않은 채 계속됐다. 그 결과 현재 북한은 대마 생산에서 선두에 있다. 그럼에도 불구하고, 강조하지만 북한이 마리화나 흡연자의 천국은 아니다. 대마는 사람을 취하게 하기보다 옷감 생산을 위해 늘 재배됐던 것이다.

사실 최상의 마약으로 대마초보다 훨씬 더 해로운 것이 있다. 바로 정제된 메스암페타민, 일명 필로폰이다. 미국에서 '아이스(얼음)'라 부르는 것과 같이 북한에서도 '얼음' 혹은 '빙두'라고 부르는데—중국에서 필로폰을 뜻하는 은어가 빙두다—불행하게도 북한의 생활 현실에 잘 맞는 마약이다. 값이 싼 데다 정교한 장비나 특별한 지식 없이도 만들 수 있으며, 지치고 굶주린 사람도 버틸 수 있게 한다. 적어도 절망적인 중독자로 전락하기 전까지는 그렇다. 최근 탈북자에게 북한 내 실태를 물어보았더니 흔히 어디에나 있다거나 심지어 마약으로 보지도 않는다고 대답했다.

어떻게 이런 일이 일어났을까? 북한의 필로폰 문제의 씨앗은 국가가 뿌린 것이다. 북한 정부는 통치 가문의 돈을 벌기 위해 존재하는 '39호실'의 비용을 대고 금고를 채우기 위해 오랫동안 불법 사업 활동에도 의존해 왔는데 여기에는 마약 제조도 포함돼 있었다. 북한은 1970년대부터 현금을 벌어들이기 위한 수단으로 수출용 아편을 생산하기 시작했다. 하지만 필로폰이 그보다 쉽고 빠르게 적은 비용으로 생산된다는 사실을 알게 됐다. 한국에서는 이미 1940년대 당시 일본 군이 몇 시간이고 계속해서 전투를 할 수 있도록 병사들에게 필로폰을 사용했다.

평성과 함평 등의 대규모 국영 공장에서 필로폰을 대량생산하기 시작했고 상당량은 중국으로 유통됐다. 일본 역시 주요 공략 시장이었는데 야쿠자 범죄 조직과의 거래를 통해 접근할 수 있었다. 2007년 호소시마 항구에서 북한 선박이 나포됐을 때 필로폰이 대량으로 적발됐는데, 그 양이 당시 일본 최대 규모의 마약 파티에 사용될 수 있을 정도로 많았다고 보도됐다. 심지어 북한의 대사관 직원도 외교 면책특권을 활용해 전 세계에 북한산 필로폰을 팔아 수익을 본국으로 송금하도록 독려받는 것으로 파악된다.

하지만 러시아 출신 북한 전문 연구자인 안드레이 란코프 국민대 교수와 김석향 이화여대 북한학과 교수에 따르면, 북한은 2000년대 초 필로폰 생산을 철저히 차단했다. 아마도 중국의 압력 때문이었을 것이다. 당시 중국에서는 북한산 필로폰이 심각한 사회문제를 유발하기 시작했다. 그러나 대기근 이후 북한 경제의 많은 분야에서 일어난 현상과 마찬가지로, 여기에도 민간 산업이 대신 뛰어드는 현상이 나타났다. 2004년에 이르러서는 민간 기업가들이 북한의 국영 필로폰 공장에서 해고된 인력을 채용하고 공터에 생산시설을 짓느라 분주히 움직였다. 또 이들은 기초 재료인 에페드린을 공급할 의향이 있는 중국 밀수업자를 찾아냈다.

하지만 이번에는 최종 사용자가 북한 국내에 더 가까이 있었다. 필로폰은 짧은 시간 내 북한 사회 전역으로 퍼져나가 도회지의 전 사회 계층을 중독시켰다.[44] 그중에서도 엘리트가 다른 계층보다 더 많이 피웠을 것으로 보인다. 아무래도 경제적으로 좀 더 여유가 있기 때문이다. 몇몇 취재원의 말로는, 이제 남들 앞에서 한 대 피워도 별 문제가 안 될 정도라고 한다. 점잖은 중년 아줌마들 사이에서도 마찬가지다. 필로폰은 의약품 대용으로도 사용된다. 만성 질환을 앓는 사람들이 적절한 치료를 받을 만한 돈이 없으면 일시적인 진통제로 필로폰에 의존하기도 한다.

지역으로 보자면, 함평과 평성에서 특히 인기가 높다. 북한의 필로폰 사업이 시작된 곳이다. 하지만 수도와 중국 접경 인근의 모든 도시가 필로폰 사용으로 인한 문제를 안고 있다. 한 매체에 따르면[45] 국경 도시인 혜산 주민 약 10퍼센트가 필로폰 사업에 관여하고 있다. 사업의 연결망에는 부패 관료들과 거래상들이 포함돼 있다.

예상할 수 있듯이, 필로폰은 거래상에게 아주 수익이 높은 상품이다. 2011년 함평에서는 그램당 12달러에 거래된 것으로 보도됐다. 당시 평양에서의 판매 가격이 20달러였음을 감안하면 수도로 운반해 파는 과정에서 킬로그램당 8,000달러의 중간 이윤이 생기는 셈이다. 북한 주민에게 이만한 돈은 거액이다. 그 결과 정부 단속은 늘 실패하기 마련이다. 공무원들도 거래상들과 손을 잡으려는 유혹에 쉽게 넘어가기 때문이다.

1 그렇기는 해도 한국 사람은 이례적으로 긴 시간 동안 일을 한다. 그리고 점차 북한에서도 주민 모임에 빠지는 사람이 늘고 있다. 지역 수준의 통제가 약해진 결과다.

2 인터미디어, "조용한 개방: 변화하는 미디어 환경 속의 북한 사람들"(2012년 발행 보고서)

3 사실 공무원이 다른 누구보다 외국 매체를 시청할 가능성이 크다. 주민보다 돈도 많고 처벌을 피할 수 있기 때문이다. 국가안전보위부 관리라면 압수품을 통해 접할 수도 있다.

4 전파 방해는 추측에 비해 큰 문제가 되지 못한다. 전파 방해에는 전력이 많이 소모되는데, 북한으로서는 그럴 만한 여유가 없기 때문이다. 따라서 전파 방해는 김정일 사망 이후에 그랬듯이 보통 민감한 시기에만 가동된다.

5 북한 주민은 어느 시점에는 국영 매체를 소비하지만 시청해 봐야 얻을 게 없을 때는 대부분, 특히 젊은이들은 채널을 맞추지 않는다. 진부하거나 뻔하다고 여기는 것이다. 북한에서 한국 드라마가 암암리에 인기를 끄는 이유는 바깥 세계를 엿볼 수 있기 때문만이 아니라 드라마 자체가 북한 국영 매체에서 방영되는 것보다 정말 재미있고 호감을 주기 때문이다.

6 이와 비슷하게, 중국에 사는 한인인 조선족이 나선 같은 곳에서 사업을 하는 모습을 볼 수 있는데, 이들 역시 외국 매체의 공급원이다.

7 손톱만 한 크기의 마이크로 SD 카드는 숨기기가 훨씬 쉽고, USB 어댑터만 있으면 다양한 기기에서 쉽게 작동시킬 수 있다. 중국에서 들여온 DVD 플레이어에는 USB 포트가 있어 컴퓨터 없이도 메모리스틱을 바로 연결할 수 있다. '노텔'이라 불리는 중국산 휴대용 DVD 플레이어는 가격이 50달러 정도인데, 크기가 작고 내장 배터리와 USB 포트 등이 갖춰져 있는 데다 북한의 잦은 단전이나 감시의 문제를 해결하는 데도 도움이 되기 때문에 인기가 높다. 평면 텔레비전 중에도 USB 포트가 내장돼 있는 모델이 많이 나와 있다. 그렇다 보니 요즘 북한 당국에서는 리모컨으로 USB 기능을 사용할 수 없도

록 적외선 수신기를 부순다는 소식도 전해진다.

8 이때 뇌물은 적발된 사람의 재산과 사회적 지위에 따라 달라질 것이다. 자연스럽게, 돈
   이 많은 사람은 더 많이 낸다. 이런 뇌물도 외환으로 줘야 할 가능성이 대단히 크다.

9 김일성의 통치가 확고히 자리 잡고 난 후에는 모든 가족 구성원조차 서로서로에 대해
   보고하는 것이 일반적이었다. 요즘은 그런 일이 일어날 가능성이 작다.

10 '스트레스'와 같이 한국에서 쓰는 일부 외래어까지 흔해지고 있다. 북한의 국영 제약회
   사는 스트레스를 위한 약을 내놓기도 했다. 하지만 외래어 사용에서 남북한은 차이를
   보인다. 가령, 남북한 사람 모두 '아이스크림'이라는 말을 쓰지만, 북한에서는 유명한
   현지 브랜드를 따라 아이스크림을 '에스키모'라 부르는 경우가 더 흔하다.

11 우리도 종편 프로그램 「이제 만나러 갑니다」에 출연하는 여성 탈북자에게서 북한 사투
   리를 들을 수 있다. 이 프로그램이 USB 메모리스틱과 DVD를 통해 북한으로 들어간다
   고 말하는 사람도 있는데, 만일 그렇다면 이 프로그램은 북한 탈출을 이끄는 최고의 광
   고가 될 것이다.

12 한류를 선도한 배우 배용준이 출연한 「겨울연가」는 북한에서도 인기였다. 한 탈북자는
   "그 드라마를 나만 봤다고 생각했는데 나중에 알고 보니 다들 봤더라"라고 말하기도
   했다.

13 평양 사람이 1989년 톈안먼 광장 대학살 소식을 들은 것은 소문을 통해서였다. 그 사건
   에 대해서는 믿을 만한 정보원이 없었다. 평양 밖에 사는 사람은 아예 무슨 일이 일어
   났는지조차 몰랐을 가능성이 크다.

14 반대로 군부 독재 시절 한국의 선전물에서 북한 사람은 뿔과 꼬리가 달린 악마로 표현
   됐다.

15 흥미롭게도 과거 북한 선전물에는 미영(美英) 제국주의라는 표현이 사용됐다. 영국과
   외교를 정상화한 이후부터 새로 부르기 시작한 악의 축에서 그 이름이 빠졌다.

16 사실, 제임스 본드 영화를 본 북한 사람도 많다.

17 그리고 실제로 한국 사람들은 연예 산업에서 뛰어난 수완을 증명한다. 한국의 드라마
   시리즈와 K팝은 한류로 알려진 현상의 일부가 되어 아시아를 휩쓸었다. 북한 사람들이
   한국의 문화 상품에 홀딱 반했을 수 있지만 그건 태국과 중국, 베트남 그리고 다른 나
   라도 마찬가지다.

18 외국인에게 팔리는 북한 만화책도 이따금 만화로 불린다. 특히 한국 사람을 겨냥한 만화책이 그렇다. 북한은 그런 만화를 통해 북한식 한국사를 제시하려 애쓴다.

19 부지런한 집단주의 성향의 벌떼가 저속한 제국주의 말벌을 무찌른다는 것은 잘 알려진 사례다.

20 보통 한 기관은 한두 개의 이메일 계정을 갖는다. 그리고 최고위 사람에게 점검을 받게 될 것이다. 만약 당신이 북한의 중간 직급 직원을 알게 돼 그에게 이메일을 보냈다 치자. 십중팔구 그에게 도착하지 못할 것이다.

21 저자들이 좀 더 조사해 본 결과, 근거 없는 주장임이 드러났다.

22 평양의 한 대사관에서, 내부에서 쓰는 패스워드 없는 와이파이를 지나가는 사람도 쓸 수 있게 한 적이 있다. 북한 당국은 이런 행동을 단속하면서, 인접 지역에 영향을 주는 와이파이 장비는 제거하겠다고 위협을 해왔다.

23 동아시아의 많은 지역에서와 마찬가지로, 북한에서도 1인칭 슈팅 게임인 '카운터-스트라이크'와 '프로 에볼루션 사커'로도 알려진 축구 게임 '위닝일레븐'이 인기가 많다.

24 최소한, 젊은 시절에는 그랬다. 이후에는 자신은 색소가 든 물을 마셔 취하지 않은 채로 주변 사람이 취하는 모습을 보는 걸 선호했다.

25 그 밖에 관광객에게 파는 주류로 숙취를 유발하는 높은 도수의 송이버섯소주, 수컷 물개 생식기로 만든 것으로 보이는 특이한 술도 있다.

26 농태기를 만드는 데 가장 인기가 있는 기본 재료는 옥수수와 도토리다. 쌀이 사용되기도 하지만 값이 비싼 데 반해 생산되는 술의 알코올 함량은 낮아서 수요가 적다.

27 평양에 가볼 수 없는 사람에게 상하이와 베이징, 그 외 중국 도시에 있는 북한 소유 식당은 북한 중·상류의 식당 문화를 체험할 수 있는 곳이 된다. 이곳의 북한 여종업원은 주기적으로 무대에 올라 밴드 공연도 펼친다.

28 노래방 기계 판매 시장의 선두 주자는 '하나'라는 이름의 회사다. 평양 주재 영국 사업가가 운영한다.

29 이와 유사한 점을 1970년대 한국 음악에서 찾을 수 있다. 당시 음악에 대한 정부의 검열은 아주 심했다. 모든 앨범에 근면과 애국 등을 고취하는 건전 가요가 의무적으로 최소한 한 곡은 들어가야 했다.

30 북한 사람도 대부분 그런 노래가 따분하다고 말할 것이다.

31 현송월은 자랑스러운 노동자로서의 삶을 노래한 「준마 처녀」로 다소 기이한 국제적 명성을 얻은 가수다. 노래의 영어 제목은 「Excellent Horse-like Lady」로, 직역하면 '우수한 말 같은 처녀'가 되는데, 'excellent horse', 즉 '준마'는 민첩하고 고귀한 혈통의 말이다. 이 노래에서 현송월은 자신이 준마처럼 재빠른 위대한 노동자라고 자처한다.

32 북한 정부가 그런 보도가 나오게 할 만큼 풍부한 원재료를 제공하는 측면도 있다. 그리고 가끔은 국가정보원의 발표가 들어맞는다. 국정원은 2013년 12월 장성택이 제거됐다는 소식을 북한 공식 발표가 있기 며칠 전 처음으로 터뜨렸다.

33 다만 종종 허가해 준다는 말을 덧붙일 필요가 있다. 만일 아픈 친척이 있다고 하면 찾아갈 수 있도록 허락해 줄 것이다. 그러나 뇌물을 줄 형편이 아니라면 바로 당일 해결될 행정 절차가 한 달가량 걸릴 수 있다.

34 특히 평양은 출입 금지 구역이다. 평양에 사는 것은 물론 심지어는 평양을 방문하는 것은 특권이다. 북한에서 근무하는 해외 외교관들은 평양에서 북동부 국경 지역에 있는 경제특구인 나선으로 여행을 가는 게 더 빠를 수 있다고 말한다. 비행기를 타고 중국 선양으로 날아가 기차로 옌지까지 간 다음 택시를 잡아타고 북한 국경으로 돌아오면 된다. 동부 원산에서 나선을 잇는 신규 4차선 고속도로가 수년째 건설 중인데, 재원이 고갈된 것으로 보인다. 북한은 6·25 전쟁 이후 아직까지 전국 각 도의 주도와 평양을 포장 고속도로로 연결하지 못했다. 이는 북한의 사회 기반 사업에서 계속하여 과제로 남아 있다.

35 뇌물을 줄 수 없는 사람은 한반도의 험한 산악 지대 곳곳을 도보로 넘어 다닌다. 이런 방법으로라도 검문소를 피해 자유롭게 장사를 한다. 하지만 당사자로서는 고달프고 위험한 데다 시간도 많이 든다.

36 불행하게도 뇌물은 여기서 그치지 않는다. 기차로 여행하는 사람이 상품까지 운반하는 경우라면 검사원에게 추가로 뇌물을 건네야 할 수 있다.

37 지금은 신압록강대교가 반짝이는 중국 아파트 단지를 뒤로 한 채 물 위로 뻗어 있지만, 다리의 북한 쪽과 주변의 황금평 경제특구는 여전히 허허벌판이고 비포장도로여서 나선 경제특구와 대조를 이룬다. 이를 본 중국 관리들이 크게 실망했다는 보도가 있었다.

38 언젠가는 파리에서 서울까지 기차로 갈 수 있게 된다는 말은 한국이 한반도 재통일을 선전할 때 자주 언급하는 야심이기도 하다.

39 교통 신호등은 이제 평양 시내에도 흔하다. 교통 체증을 모니터하는 카메라가 설치된 경우가 많다.

40 담배를 많이 피우는 사람을 두고 옛 속어로 '염소 굴뚝'이라 부르기도 한다. 담배 피우는 염소가 나오는 유명 만화에서 유래한 표현이다. 여기에 '아저씨'란 말이 추가되기도 한다.

41 7월 27일은 북한 사람에게 '승리의 날'이다. 따라서 북한의 국가 설화에서 강력한 자리를 차지한다.

42 BAT는 2007년, 보유 지분을 싱가포르 기업인 SUTL에 파는 데 합의했는데, 정치적 압력의 결과로 추정된다.

43 다른 둘은 음악을 감상할 줄 모르는 사람과 컴맹이다.

44 일반적으로 농민과 다른 시골 사람들 사이의 사용률은 훨씬 더 낮은 것으로 이해된다.

45 이 내용의 출처는 『림진강』이라는 잡지인데, 북한 사람이 써서 국외로 밀반출한 기사를 편집해 출간하는 독특한 잡지다. 『림진강』에 기사를 쓰는 사람보다 더 용감한 언론인도 드물 것이다.

3장

누가 책임자인가?

밖에서 볼 때는 북한 정부가 한편으로는 고모부를 처형하고도 여전히 세뇌된 신민의 추종을 즐기면서 다른 한편으로는 핵무기로 세계를 위협하는 전능한 소년 폭군 김정은에게 전권이 집중된 단일체처럼 보인다. 하지만 내부적으로 들여다보면, 획일화된 '일심동체'라는 국가 이미지 밑으로 경쟁적인 분파와 권력 브로커의 집합이 존재한다. 이들은 정치적 통제권과 영향력, 돈을 놓고 서로 치열하게 경쟁을 벌인다.

사실 지금 현재 누가 북한을 '책임지고' 있는지는 말하기가 어렵다. 확실히 김정은은 막강하다. 김씨 일가의 다른 개인도 힘이 있다. 하지만 이들은 북한에서 절대적이지 않다. 그들 외에도 김정은의 부친 김정일이 구축한 막후의 권력 구조가 존재한다. 그런 구조 위에 김정은 자신도 제한된 권위를 물려받은 것이다. 이 권력 구조의 명칭은 조직지도부(OGD)다. 장성택의 처형을 김정은의 단독 결정이라고 여기는 사람들은 그 일로 인해 조직지도부가 얻을 게 훨씬 더 많았다는 사실을 알 필요가 있다. 동시에 조직지도부는 일반 조직이 아니라는 사실도 중요하다. 수장도 없는 조직인 데다, 여기에 혼란을 더하는 점은 조직원 중 일부는 진짜 조직지도부도 아니라는 사실이다.

이 책은 북한을 현재 있는 그대로 그리는 게 목적이지만, 이런 북한 내부의 그림자 권력 체제의 뿌리를 이해하기 위해서는 반세기 전으로 거슬러 올라가 권력이 이양되는 과정을 간략히 되짚어 볼 필요가 있다. 1948년부터 1994년까지 북한을 통치했던 김일성에게서 권력을 물려받은 김정일은 1994년부터 2011년까지 북한을 지배했다. 노무현 대통령 당시 햇볕정책에 대해 조언한 문정인 교수는, 김정일은 아버지 체제의 수인이었다고 말한 적이 있다. 하지만 김일성이 사망했을 당시에는 김일성이야말로 김정일 체제의 수인이라고 보는 게 더 적절했을 것이다. 오늘날 김정은 역시 김정일 체제의 수인이다. 물론 북한 자체도 마찬가지다.

김일성으로부터 김정일에게로

김일성이 북한의 지도자로 부상하는 데 굉장한 운이 따랐다는 것은 잘 알려진 사실이다. 중국 공산당원과 함께 만주에서 활동한 게릴라 지도자로서 상대적으로 높은 지명도를 누렸다. 이후 제2차 세계대전이 끝나기 전까지는 소련군에 소속돼 활동했다. 하지만 그는 교육이 부족한 인물로 간주됐다. 심지어 한국어 실력도 떨어졌다. 해외에서 너무 오랜 시간을 보낸 결과였다. 그를 북한 괴뢰 정부의 미래 일원으로 봤던 소련 관료들은 그가 마르크스 이론 시험에서 거둔 성적을 보고 실망할 수밖에 없었다.

하지만 김일성은 악명 높은 소련 비밀경찰의 우두머리인 라브렌티 베리야의 눈에 들었고, 베리야는 이오시프 스탈린에게 김일성을 지도 자로서 잠재력이 있는 재목으로 추천했다. 그때부터 김일성은 지금까 지도 전해져 오는 갖가지 재능, 즉 선전술, 개인적 매력, 마키아벨리즘 을 백분 활용해 경쟁자들을 밀어내고 권력을 자기 손에 장악할 수 있 었다.

스탈린에게서 배운 김일성과 그의 소련 자문단은 개인 우상화를 독 려하기 시작했고, 이는 시간이 갈수록 강화돼 갔다. 위협이 되는 인물 들은 가차 없이 처단됐다. 당시 존경받던 원로 공산주의자 박헌영은 해방 직후 조선공산당의 당수였고, 이후 사회주의 국가가 수립될 경우 통치자로 가장 유력한 인물이었지만 김일성에게 변절자로 낙인찍히 면서 소련의 반대에도 불구하고 1956년에 처형당했다.

박헌영 같은 인물이 밀려난 자리는 김일성이 믿을 수 있다고 본 빨 치산 동지들이 차지했다. 여기에 결정적으로, 김일성은 핵심 요직에 자기 일가 사람들을 배치했다. 김일성은 밖으로는 자기를 평등주의의 신봉자인 것처럼 내세웠지만 북한 경제의 근대화와 산업화에서 초반 에 성공을 거뒀음에도 그는 사실 봉건주의자이자 가부장주의자였다. 당시 한반도는 과거 수세기 동안 지속된 왕조 체제와 양반 귀족 지배 체제에서 벗어나던 중이었다. 그렇게 보면 김일성처럼 자기모순적인 지도자가 출현할 수 있었다는 사실이 그리 놀랍지만은 않다. 공산 국 가라고 하는 나라가 어떻게 그런 권력의 세습적인 승계를 발전시켜 갈 수 있었는지 의아한 사람은 한국 역사책만 봐도 쉽게 이해할 수 있다.[1]

김일성의 혈연 중용에 따라 1962년 김일성의 동생 김영주가 노동당 중앙위원회 위원 겸 조직지도부 부장이 됐고, 1970년에는 정치국 정위원이 됐다. 그의 딸 김경희도 중앙위원회에 들어갔다. 그 외 여러 사촌이 요직을 차지했다. 여자 친척에게도, 대부분 작은 조직이긴 했지만 맡아서 운영할 조직이 주어졌고, 이들 남편까지 정부에 등용됐다. 원로 빨치산 동지들도 연고주의에 따른 권력 기반을 확립할 수 있었다. 예를 들어, 김일성과 함께 일본에 맞서 싸웠던 최현은 나중에 김일성 밑에서 국방장관이 됐는데, 그의 아들 최룡해도 한때 정부 관료 중 가장 서열이 높은 인물 중 한 명으로 꼽혔다.[2]

그런 환경 속에서 1941년 김정일은 김일성의 맏아들로 태어나 두각을 나타낼 수 있었다. 김정일은 학교를 다니는 동안 내내 자연스럽게 특별 대우를 받았으며, 1964년 아버지 이름을 딴 김일성대를 졸업하자마자 노동당 조직지도부의 중앙지도분과에 배치됐다. 2년 후에는 선전선동부로 옮겨갔다가 1968년 부장으로 승진했다. 이 무렵 김정일이 영화에 깊은 관심이 있다는 사실도 처음 알려졌는데, 영화예술 분과에서 영화 제작과 관련한 전 분야에 걸쳐 집착 수준으로 직접 관여했다. 영화야말로 그가 진정으로 특출 났던 분야였다. 어떤 사람들은 그가 유일하게 진짜로 행복해 보였던 때가 편집실에서 필름을 자르거나 카메라 앵글을 열심히 들여다볼 때였다고 말한다.[3]

맏이로 출생한 데 따르는 모든 이점에도 불구하고 청년 시절 김정일이 꼭 행복했던 것은 아니었다. 최종적으로 아버지 권력을 물려받는다는 보장이 없었기 때문이다. 그의 어머니 김정숙만 해도 지금은 김정일 자신의 적지 않은 노력의 결과, 이상화된 국모로 북한 주민의 존경을 받고 있지만, 어머니와 남동생 김만일은 김정일이 아주 어릴 때 사망했다. 이후 김정일과 여동생 김경희는 김일성의 두 번째 부인 김성애로부터 온갖 험한 말을 듣고 학대당하며 자랐다. 자기가 낳은 세 자식에게만 남편 김일성의 관심이 가게 하기 위해 김정일과 김경희를 희생시킨 것이다. 김성애와 권력 측근 혈족들은 그녀가 1955년에 낳은 아들 김평일을 김일성의 권력 승계자로 밀었다.

하지만 1960년대와 1970년대 초까지 김정일이 직면했던 장애물은 그의 숙부 김영주였다. 북한 밖의 관측통에게는 나이나 경험으로 볼 때 김영주가 가장 유력한 권력 승계자로 보였다. 하지만 김정일에게는 장자라는 이점 외에 중요한 강점이 있었다. 아버지의 비위를 맞추는 수완이 뛰어났던 것이다. 여러 가지 증언을 감안해 볼 때 김일성은 언제나 아부에 대단히 취약했다. 경쟁자들이 실각하고 자기 권력이 공고해지면서 그런 경향은 더 심해졌다.

그가 먹는 음식은 개인 농장들이 공급해 줬고, 수하 관료들은 그에게 집이며 젊은 여성까지 선물을 하려고 경쟁을 벌였다. 어릴 적 부모의 애정에 굶주린 탓에 아버지의 사랑과 지지를 갈구했을 가능성이 큰 김정일 또한 아버지에게 신발을 신겨 드리기 위해 그 앞에 한사코 무릎을 꿇었다고 전해진다.

김일성의 개인 숭배 열기는 1960년대 후반부터 극적으로 고조됐는데, 당시 김정일과 김영주의 충성 경쟁에 의해 촉진된 것이었다. 선전술의 전문가였던 김정일은 김일성의 위대함을 과장한 영화와 책, 그림, 오페라를 활용해 부친의 평판을 끌어올리기에 유리한 위치에 있었다. 만수대창작사와 백두산창작단 같은 새로운 창작 조직이 설립됐고, 이들의 유일한 임무는 김일성을 찬양하는 작품을 제작하는 것이었다.

김일성이 60세 되던 해에는 1년 내내 위대한 지도자를 위한 축하 행사가 열렸다. 물론 김정일이 총지휘를 맡았고, 자신이 직접 노래 가사를 쓰는가 하면 마술쇼를 감독했고, 결정적으로 공을 인정받기 위해 행사장에 늘 함께 있었다.

김일성의 평판을 띄우는 것에만 만족하지 못한 김정일은 다른 혁명가의 회고록을 모두 회수하라는 지시까지 내렸다. 이들이 아버지 김일성에게서 조명을 조금이라도 빼앗아 갈 것을 염려한 것이었다.[4] 김정일은 또 1970년에 김일성 배지를 달기 시작해 지금까지도 북한 노동당원이 옷깃에 김일성 배지를 부착하는 관행을 만들었다. 이들은 늘 김일성을 마음 가까이 두기 위해 왼쪽에 배지를 부착한다.[5] 스탈린의 개인 우상화는 지도자를 당의 최고 충복으로 강조하는 것이었는데, 김씨 일가는 여기서 한 걸음 더 나갔다. 김일성을 당과 사회주의는 물론 다른 어떤 인간보다 상위에 두었다. 이러한 이미지를 만드는 데 누구보다 앞장선 사람이 바로 김일성의 아들 김정일이었다.

이러한 극단적인 아부는 효과가 있었다. 1973년에 이르러서는 김영주가 아니라 김정일이 권력 승계자가 될 거라는 사실이 확실해졌다. 더구나 당시 김영주는 건강 상태도 좋지 않았다.

그해 9월 김정일은 정치국 위원에 올랐고, 그의 숙부를 대신해 조직지도부 부장으로 복귀했다. 김영주는 그 뒤로 여러 명예직만 전전했다. 김평일의 어머니 김성애는 마지못해 김정일에게 머리를 조아려야 했고, 지도자의 아내 자리를 자기에게 뺏겼던 김정일의 어머니 김정숙을 공개적으로 찬양했다.

김정일에게는 3대 혁명 소조 운동의 지휘권이 주어졌다.[6] 이 운동을 주도한 세력은 중국의 홍위병과 유사한 젊은 충성파 집단이었다. 3대 혁명 운동에 자원한 수만 명의 소조원은 공장과 학교, 농장, 정부 기관을 찾아가 모든 업무와 행동을 샅샅이 조사했다. 소조원에게는 자신들이 방문한 사람들을 감시하고, 조금이라도 문제가 되는 정보가 있으면 중앙에 보고하는 임무도 주어졌다. 3대 혁명 소조원의 조사에 대해서는 노동당 중앙위원회조차 거부할 수가 없었다.

김정일은 3대 혁명 소조원 중 남을 밀고하는 데 뛰어난 능력을 입증한 사람을 힘 있는 자리로 고속 승진시켰다.[7] 이에 따라 소조원은 약간의 불충한 기미만 보여도 공개 비판이나 직위 박탈, 심지어 강제노동수용소 입소 같은 처벌을 받게 되는 공포 분위기를 조성하는 데 적극 앞장섰다. 강제노동수용소로 입소되는 일이 실제로 일어날 가능성은 아주 높았다. 고위직에 있는 사람도 예외가 아니었다. 1976년에는 김동규 부총리도 김정일을 비판한 죄로 자신의 대저택 대신 정치범수용소에서 살아야 했다. 그는 나중에 그곳에서 숨졌다.

김정일은 권력의 최상부까지 이르는 감시원의 연결망을 키워 갔고, 결국에는 김평일이 여기에 걸려들었다. 김정일의 이복동생인 김평일 주변의 추종자들이 "김평일 만세!"라고 즐겨 외친다는 보고가 김정일의 귀에 들어갔던 것이다. 이런 표현은 오직 김일성에게만 쓸 수 있었다. 김정일은 이 정보를 아버지에게 전달했다. 이 무렵 김일성은 자신을 둘러싼 과장된 소문을 완전히 믿었던 것처럼 보인다. 김평일은 1979년 외교관 신분으로 해외에 '유배'됐다. 2011년 12월 김정일이 사망했을 때도 국내에 들어오지 못하고 폴란드에 있었다. 지금도 체코 대사로 해외 체류 중이다.

심지어 김일성 자신도 김정일의 감시로부터 자유롭지 못했다. 1976년 무렵 김정일은 아버지의 모든 전화 통화가 자신의 사무실을 경유하도록 했다. 자신이 북한 주민에게는 신처럼 대하도록 한 사람의 대화 내용을 가로챌 수 있었다. 이런 걸 자기가 할 수 있었다는 사실 자체가 그에게는 큰 도움이 됐다. 그때부터 김일성이 김정일의 이해관계를 거스르는 작전을 계획할 때마다 미리 반대 조치를 준비할 수 있었던 것이다.[8] 김일성이 어떤 정책 구상이나 자기 우상화를 위한 새로운 수단에 관심을 표시할 때마다, 김정일은 그의 변덕을 예상하고 미리 대응하는 거의 초자연적인 능력을 과시했다.

아부와 감청 외에도, 김정일은 확실한 돈의 위력을 활용해 충성과 후견 관계를 조성함으로써 자신의 위상을 확고히 했다. 이른바 '소프라노 경제(마피아 중간 보스인 소프라노가 주인공인 미국 드라마「소프라노스(The Sopranos)」에 북한 경제를 빗댄 조어―역자 주)'의 심장부이자 국제적으로 악명 높은 조직인 39호실도 1974년 김정일이 세운 것이다. 39호실이 벌어들인 돈은 김씨 가족의 호화로운 생활을 유지하는 데는 물론 자기 수하의 충성을 확보하기 위한 선물로 차, 요트, 집, 금시계 등을 구입하는 데 사용됐다. 실제로 고위층 탈북자 장진성 씨는 김정일에게 금장 롤렉스 시계를 받기도 했다. 이 조직이 커지면서 김씨 가족과 국가 간의 구분도 흐려졌고, 한때 이데올로기가 중요했던 이 나라는 돈이라면, 무엇이든 살 수 있고 누구든지 매수할 수 있는 나라로 빠르게 바뀌어 갔다. 물론, 이때 돈이란 외환을 뜻한다.

김정일은 39호실의 책임자였지만 이 조직이 성장하는 과정에서 막후 두뇌는 장성택이었다. 장성택은 상대적으로 평범한 가정에서 태어났지만 타고난 매력과 지력으로 대학 시절 김경희의 눈길을 끌었고 이어 김정일도 그를 주목하게 됐다. 김경희는 김일성의 반대를 무릅쓰고 장성택과 결혼했는데, 김일성은 장성택을 자신의 심복이자 해결사로 만들었다.

장성택은 외교 행낭 같은 국가 부속물을 활용하면 엄청난 돈을 벌수 있다는 사실을 알게 됐다. 본래 1961년에 체결된 빈 협약에 따르면 외교 행낭은 압류나 수색을 할 수 없다. 비도덕적이긴 하지만 손쉬운 자금원으로 안전을 보장받을 수 있었다. 처음에는 북한 광산에서 나온 금을 외교 행낭으로 밀반출해 팔았다. 나중에 장성택은 아편과 필로폰도 같은 방법으로 운반할 수 있다는 사실을 깨달았다. 이런 방법은, 해산물 같은 보다 합법적인 생산품을 일반적 경로로 판매한 수익금과 함께 김정일의 39호실에 막대한 규모의 현금을 조달해 주었다. 현금 역시 이런 방법으로 옮길 수 있었다. 이런 수법은 지금도 마찬가지로 사용된다. 그래서 북한 외교관들은 수백만 달러의 현금을 갖고 다니는 것으로 알려져 있다.

39호실의 많은 자금이 김씨 집안의 사치품—가령 천정이 높아서

북한 지도층은 사치품을 어떻게 입수하나?

김씨 가족은 동해안 원산항에 호화로운 요트 두 대를 갖고 있다. 김정은의 양복은 영국 런던의 고급 양복점 거리인 새빌가에서 재단한 것이다. 손목시계는 스위스 모바도 제품이다. 북한으로 들어가는 사치품 거래에 대해 엄격한 국제 제재가 가해진 상황에서 어떻게 이런 물건을 들여올 수 있는 걸까?

평양의 39호실이 조종하는 국제 밀수 작전에는 마카오, 일본, 홍콩, 중국 본토에 주재하는 북한 지도층의 중간 대리인이 있다. 한 마카오 주재 사업가는 북한의 대포 부품을 선적해 평양에서 시리아로 가는 것을 도왔다가 홍콩 법원에서 벌금형을 받자, 자신의 해운 회사 문을 닫고 이름만 바꿔, 심지어 똑같은 사무실에서 새 회사를 설립했다. 그의 해운 회사는 수년 동안 평양 시내 백화점과 호텔에 위스키와 고급 와인, 샴페인이 떨어지는 일이 없도록 안정적으로 공급하는 역할을 했다.

김정은과 소원해진 이복형이자 한때 김정일의 승계 후보 중 한 명으로 간주됐던 김정남은 인생의 상당 부분을 내키지 않는 망명 생활로 보냈다 (2017년 2월 6일, 말레이시아 공항에서 북한 지시에 따른 것으로 보이는 공작원에게 암살당했다 -역자 주). 해외에서 북한 지도층으로 활동하며 인기 있는 사치품을 조달하고 무기 수출을 도왔다. 호화 요트부터 개조한 메르세데스 차량에 이르기까지, 컨테이너선에 실을 수만 있으면 유엔 제재의 삼엄한 감시망을 피해 북한으로 밀반입하는 길을 찾을 수 있다.

무기 수입도 마찬가지다. 유엔에 따르면 북한은 이제 소형 무기는 물론 핵무기나 미사일 부품의 운반을 은폐하기 위해 마약 거래 조직들이 개척

한 복잡한 기술을 활용한다. 또한 금융거래가 국제 감독에 걸리는 것을 막기 위해 외국 주재 기업과 여러 개인으로 구성된 상대적으로 복잡한 기업 생태계를 구축하는 등 복잡한 금융 방어 수단을 개발해 왔다. 그런 사례 중 하나로, 북한의 국영항공사 고려항공이 2012년 신형 항공기 구입 계약을 체결하고 아주 이례적인 발주를 한 적이 있다. 당시 고려항공이 신형 항공기 대금을 지불한 방식을 보면, 홍콩에 등록된 여덟 개 회사가 함께 지불하는 다중 지불 방식을 사용했다. 여덟 개 회사가 모두 고려항공의 거래 협력사이며, 빚진 금액을 송금하는 것이라고 했다.

해외 주재 북한대사관 또한 그림자 회사를 돕고 교사하는 방식으로 사치품을 조달하고 비밀 무기 거래를 주선하는 데 핵심 역할을 한다.

조명 기구의 먼지를 떨기 위해서는 사다리가 필요한 하얀 대리석 저택들—을 장만하는 데 들어갔는데, 거기서 나오는 자금은 또한 김씨 주변의 충성심을 사는 데도 사용됐다. 고위층 탈북자인 장진성 씨는 김정일로부터 금장 롤렉스시계를 받은 적이 있다는 이야기를 우리에게 했다. 또 다른 탈북자들은 집과 차를 받기도 했다고 한다. 불행히도 김씨가 시작한 뇌물 수법은 북한 사회에 점점 퍼져나가서 결국에는 물질주의와 부패가 더 확산되게 만든 것으로 보인다. 김정일 시대를 규정하는 특징 중 한 가지는 북한 사회가 이전의 정치적 이상주의에서 '누구나 제값이 있고, 모든 것은 돈으로 살 수 있다'는 정신 상태로 옮겨갔다는 점이다.

어쨌거나 미국 중앙정보국(CIA)은 1976년, 김일성이 더 이상 북한의 최고 실권자는 아니라고 결론을 내렸다. 김정일은 아버지의 비위를 맞추는 방식으로 환심을 산 후에는 권력 접수를 앞당기기 위해 기술적으로 몇 가지 탁월한 전략들을 구사했다. 즉, 감시 체계를 동원하고 이로써 공포 역시 따르게 하는 방법으로 후견 관계를 구축하기 위해 갖은 수단을 써서 부를 모으는 한편, 자신에게 충성스러운 사람들, 가령 3대 혁명 소조원을 활용해 기존 권력 기구를 무릎 꿇렸다. 개인 우상화 역시 김일성과 함께 김정일에게까지 확대됐다. '스탈린주의'와 같은 유형의 김일성 공산주의는 점차 왕조 체제로 변해 갔다.[9]

조직지도부

김정은이 물려받은 체제는 김정은 개인을 절대적으로 필요로 하는 체제다. 김씨 일가의 개인 숭배에 기반을 둔 체제이기 때문이다. 동시에 이런 체제에서는 진정한 충성이 대개 공포로 대체되고, '궁중 경제'와 뇌물이 횡행함에 따라 내부 다툼과 이권 추구가 조장된다. 김정은의 입장에서 무엇보다 중요한 점은, 자기가 국가 지도자이자 집권 노동당의 당수임에도 불구하고 이 체제 내에 더 큰 권력을 가진 그림자 조직이 있을 수 있다는 사실이다.

그림자 조직이란 조직지도부를 말한다. 조직지도부는 김정일이 권좌에 오르는 과정 중 초기 단계, 특히 3대 혁명 기간을 거치면서 습득한 것의 정점이자 자연스러운 확장을 대표한다. 감시와 정보 및 보고 체계의 재편을 통해 조직지도부는 모든 것을 보고 모든 것을 아는 국가의 유일 부서가 됐다. 김정일 사망 이후 리영호와 장성택을 포함한 많은 유명 인사가 축출됐지만 조직지도부의 지휘부는 본질적으로 변하지 않았다.

조직지도부는 1946년부터 있어 왔지만 1973년 김정일이 지휘권을 갖게 된 후에는 역할이 바뀌었다. 김정일은 국가를 통제하는 주요 수단으로 조직지도부를 활용하기 시작했다.[10] 그 뒤로 조직지도부는 북한에서 권력의 중심축으로 격상됐다. 모든 '주요 인물'에 대한 신상 자료를 갖춘 조직지도부는 다양한 정부 부서가 최고 지도자와 소통하며 지시를 하달받고 정보를 보고하는 통로로 활용된다. 또한 정책을 수행하고 강제하는 책임을 맡고 있으며, 최고위 육군 장성부터 최하위 지방 공장 관리자에 이르기까지 첩보망을 운영한다. 정부나 군의 모든 인사를 승인할 뿐만 아니라, 김씨 일가의 개인적인 안전과 안녕을 최우선적으로 책임진다.

그 결과, 이제 궁극적인 권력은 조직지도부를 통해 흘러나온다. 보통 고위 육군 장성이나 장관에게 힘이 있다고 여기기 마련이지만―실제로 그 사람의 조직이나 연결망 안에서는 그럴 수 있겠지만[11]―어떤 것도 조직지도부만큼 눈에 띄는 조직은 없다. 따라서 북한 외부에서는 정치국 같은 조직을 주시하지만, 그런 '전통적인' 김일성 시대의 조직은 실질적인 힘의 상당 부분을 조직지도부에 잃은 상황이다. 아마도 이 부분이 김정일의 가장 영리한 책략이었을 것이다. 밖에서는 깨닫지 못하게 권력 기반을 옮긴 것이다. 김정일은 "우리는 우리의 환경을 짙은 안개로 감싸 적들이 우리에 대해 어떤 것도 알 수 없게 해야 한다"

고 즐겨 말했다. 그리고 확실히 그는 어떻게 하면 그렇게 되는지를 아주 잘 알고 있었다.

하지만 300명의 조직지도부가 오늘날 북한을 어떻게 '경영'할까? 먼저, 조직지도부는 개인에 대한 통제권을 갖는다. 예를 들어, 북한의 가장 중요한 국영사업 중 하나인 천리마제철단지의 공장 관리자를 생각해 보자. 공장의 당서기라는 핵심 요직으로 승진할 수 있는 기회가 왔다면, 그 자리에 관심이 있는지 질문을 받게 될 수 있다. 아니면 직접 나서서 지원할 수도 있다. 긍정적으로 대답했다고 치자. 그러면 조직지도부는 사업장으로 와서 첩보망 정보원들로부터 의견을 듣게 된다. 동독의 비밀경찰 슈타지(STASI)와 마찬가지로 조직지도부는 '당신에 관한 파일을 갖고 있다'. 파일은 평양에 있는 중앙당 종합 청사에 보관된다. 모든 노동당원과 당원 예정자에 대해, 그러니까 최소한 300~400만 명에 대한 비밀 파일이 존재한다. 표준 이력서에 가까운 정규 정부 파일과 달리 조직지도부 파일에는 개인 사생활에 관한 세부 사항이 담겨 있다. 술이나 도박, 약물, 여자에 관한 약점이나 혼외정사, 당에 대한 불충성으로 해석될 수 있는 10년 전 발언, 옛 학교 동창에 관한 정보 같은 것들이다. 이러한 정보는 당신이 평생 동안 접촉하게 되는 정보원이 조직지도부에 보고한 내용을 통해 시간이 갈수록 쌓여 간다.

조직지도부는 또한 이른바 '당 생활' 점수를 기록한다. 이것은 노동당 행사에 대한 참여도, 아니면 가령 '자발적' 노동 계획에 열성적으로 참여했는지를 평가한 것이다. 이런 기록을 활용하고 성장 배경까지 점검한 후에 조직지도부는 수락 여부를 결정한다. 모든 것이 깨끗하다고 판명되면 최고 지도자에게 지명하도록 건의하고, 그 과정을 거쳐 공장의 당서기가 된다.

군 장성과 같은 정말 고위직 인사의 경우는 어떨까? 그들에게도 역시나 동일한 체계가 적용된다. 조직지도부는 실제로 군을 다루기 위해 두 개의 분과를 둔다. 1991년 김정일은 모든 장성에 대해 군의 '지도'를 책임지는 조직지도부 13과의 지시에 응하는 관리자의 '당 강연'을 들으라고 포고령을 내렸다. 이는 장성들을 2주 동안 데려가 다른 장성과 함께 기숙사에서 합숙을 시킨다는 뜻이다. 그리고 선전과 공개 비판 분과에 넣음으로써 그들에게 고분고분함과 두려움을 주입시킨다. 이런 과정이 끝나면, 조직지도부가 군 인사를 다루는 조직지도부 4과를 통해 그들 중 누구를 진급시키고 강등시킬 것인지 결정한다.

북한은 공개적으로 스스로 선군 국가임을 내세운다. 실제로 국가 자원의 상당 부분이 군으로 들어가는데, 군 인사는 궁극적으로 당, 특히 공식적으로 당의 일부인 조직지도부의 통제하에 있다. 군인이 아닌 사람이 군 조직의 아주 높은 직위에 임명되는 일도 드물지 않다. 2011년 당시 조직지도부에서 오래 근무한 인물이면서 부국장으로 군 업무 감독을 지휘한 황병서는 군에서 상장(상장은 대장보다 한 계급 밑이지만, 통상적인 군 출신의 어떤 장성보다 확실히 힘이 더 세다)으로 군림했다. 2014년 5월에는 조선인민군 총정치국 국장에 임명됐다. 이 자리는 군 최고 지도자인 김정은 다음으로 두 번째로 높은 서열의 직위에 해당한다.

이 직위 자체가 황병서를 권력자로 만들어 주는 건 아니다. 전임자인 최룡해만 해도 잠시 그 직책에 있다 축출됐다. 여러 소식통은 최룡해가 실제 그리 중요한 인물이 아니었던 것으로 분석한다. 오히려 황병서가 새로운 직위를 맡게 된 것이 그가 이미 갖고 있던 권력에 대해 공식 승인 도장을 받은 것이라고 보는 게 낫다.

권력의 균형을 직업군인과 멀리 떨어진 지점으로 옮긴 것은 북한군 내부의 상이한 단위들이 서로 직접 소통하는 일을 막겠다는 뜻이 된다. 그럼으로써 김정일에게 권력을 집중시키고 혹시라도 있을지 모를 쿠데타 모의를 막을 수 있다. 그렇다면 누군가 몰래 지지자를 규합해 정권을 전복하거나 핵 물질을 알 카에다에 팔아넘길 수도 있지 않을까? 충분히 그렇게 상상할 수 있다. 하지만 우리가 서방 언론에서 종종 보듯이, '개혁주의 당 관료 대 강경 노선의 장성'의 구도로 이야기하는 것은 별 도움이 되지 않고 정확하지도 않다. 왜냐하면 양쪽 진영에 모두 발을 담그고 있는 사람이 많기 때문이다. 그리고 어찌됐든 양쪽에 임명된 사람은 모두 김씨 일가 및 그에 연계된 조직지도부의 승인을 받고, 체제 보존이라는 동일한 목적에 따라 봉사를 하게 돼 있다.

게다가 인사에 관한 통제권은 조직지도부가 가진 권력의 일부분일 뿐이다. 조직지도부는 모든 국가기구 산하 부서에 '지도'를 내릴 권한이 있다. 이는 조직지도부가 원하기만 하면 어떤 행정 사안에도 개입할 수 있고, 공장 노동자와 군인, 대학교수 등 말단까지 이르는 공개 비판 회의와 선전에 대해 최종 통제권을 행사할 수 있음을 뜻한다. 이런 지도를 전달하기 위해 조직지도부 조직의 비서가 각 기관에 파견되는데, 이것만으로도 해당 공장의 명목상 보스 위에 군림할 수 있다. 하지만 그것만으로는 충분치 않은지 각 기관 내부에는 조직의 비서를 감시하고 그 결과를 조직지도부에 보고하는 비밀 3대 혁명 소조원도 배치된다. 이 비밀 요원은 겉으로는 작업장의 노동자로 보인다. 장성택이 경력 초기에 3대 혁명 소조원으로 활동했다.

공식적으로 군에 대한 지도는 총정치국을 통해 전달되는데, 정치국 위원은 전군에 걸쳐 소령이나 대위로 복무한다. 이 파견 위원은 장성의 지시를 거스를 수 있고, 장성은 여기에 이의를 제기할 권한을 가진다. 총정치국은 최종적으로는 조직지도부 13과의 지휘를 받는다. 1992년 김정일이 고위 장교들에게 연설을 하면서 그렇게 하도록 명령했다. 그 결과 장성들조차 조직지도부를 겁낸다.

아마도 조직지도부가 하지 못하는 유일한 일은 정책을 발표하는 것이다. 그것은 최고 지도자의 일이기 때문이다. 최고 지도자의 말은 그 자체가 그대로 법이 된다. 김정일이 수행원에게 "여성은 전통 한복을 입도록 해야 한다"고 말하면 수행원은 이를 받아 적고, 이러한 내용은 정책이 되곤 한다.[12] 하지만 그 말을 기록으로 남기고 처리해서 다양한 국가 산하 기관에 걸쳐 새로운 규정을 시행하는 것은 조직지도부가 책임진다.

개인비서국

이제 조직지도부는 김씨 집안일을 관리하고 경호하는 데까지 깊이 관여하게 됐다. 조직지도부에는 아홉 명의 부국장이 있는 것으로 추정된다. 김정일 사망 후 국장 자리는 비어 있다. 이 중 네 명은 조직지도부 내에서도 '적절한' 직위를 갖고 있으며, 군사 업무를 책임지는 황병서와 감시 담당인 김경옥, 이 둘이 최고 권력자다. 나머지 부국장들은 최고 지도자의 개인비서국(PS)을 맡고 있다.

이들 중 "나는 최고 지도자를 위해 일한다"고 말하는 사람은 아무도 없다. 평양에서는 최고 지도자에 대해서라면 일반적인 용어로 찬양하는 게 아니고서는 직접 언급하는 것조차 정치적으로 금기시된다.[13] 따라서 조직지도부 부국장이라는 직위는 개인비서국 고위직에게 주어지는 거대한 특혜를 정당화하는 겉포장으로 활용된다. 그렇게 해서 누리는 특혜에는 자녀의 해외 유학, 봉화의료센터 및 세계 수준 병원의 의료 혜택[14] 등이 있다.

개인비서국은 여러 기능을 수행한다. 김씨 집안과 그 외 사람들 사이의 문지기 역할을 한다. 최고 지도자의 일정을 짜고 지도자의 이동과 경호를 조정하는 일도 맡는다. 한 취재원의 얘기대로라면, 이런 조정은 극도로 복잡하고 심지어 고역일 수 있다. 김정일이 드물게 해외로 여행하는 경우 개인비서국 수하 직원들은 지도자가 사용한 특별 화장실에서 대소변까지 수거해 가져오는 임무를 맡는다. 이렇게까지 하는 것은 외국 요원이 김정일의 DNA 정보를 입수하는 것을 막기 위해서인 것으로 보인다.

개인비서국 직원은 최고 지도자와 직접 연결될 수 있다. 이 말은 이들이 지도자에게 위협이 될 수도 있다는 뜻이다. 그래서 김정일은 개인비서국 사람을 뽑을 때 오랫동안 관계를 유지해 온 인물을 선발해 오래 두고 쓰는 경향을 보였다. 가령 리제강은 1973년 김정일과 함께 조직지도부에 들어가서 1975년 부국장이 됐다. 그는 개인비서국 설립을 도왔고 김정일을 위한 행정 비서 채용 임무를 맡았다. 리제강은 남은 평생 그 자리를 유지하면서 김씨 가문 일원에 필적할 만한 권력을 누렸다. 김일성을 위해 복무한 할아버지, 아버지에 이어 여러 세대에 걸쳐 김씨 가족과 유대를 이어 가는 개인비서국 직원도 있다.

리제강의 역할 중에는 기쁨조를 책임지는 중앙당 5과 운영 임무도 포함돼 있었다. 기쁨조는 춤추고 노래하며, 심지어 지도자에게 성적인 접대를 하거나[15] 지도자가 행복하게 해주고 싶은 여성들로 구성된 '오락조'를 말한다. 리제강은 공식 직함을 유지하는 동시에 조직지도부의 비밀 파일도 관장했다.

리제강은 2010년 자동차 사고로 사망했다. 사고 발생 경위에 대해서는 상반된 설명들이 존재한다. 사고 발생 당일 저녁 리제강이 술에 취해 있었기 때문에 자동차를 잘못 몰았을 수 있다는 설명이 있는 반면, 평양 시내는 교통이 번잡하지 않기 때문에 과거에도 강력한 정적을 둔 사람을 제거하기 위해 자동차 사고가 이용됐다는 사실을 거론하는 사람도 있다.

장성택

리제강의 사망이 모의된 것이라고 믿는 사람들은 장성택이 거기 개입될 만한 동기가 있었다고 분석한다. 여러 정보원의 설명으로는, 장성택과 리제강, 나아가 장성택과 리제강을 포함한 조직지도부의 핵심 인사들은 서로 오랫동안 경쟁 관계에 있었다. 이 관계는 국가안전보위부 부부장이었던 류경이 제거된 사건에서 명확히 설명된다. 류경은 2010년 9월 중좌(한국군의 중령 계급)에서 대좌(한국군의 대령 계급)로 진급하며 권력과 지위를 높여 가는 중이었는데, 장성택은 그를 떠오르는 위협으로 봤던 것 같고, 김정일은 2011년 초 류경의 처형을 승인했다.

장성택이 조직지도부 수뇌부 및 연계 세력과 경쟁 관계를 형성할 수 있었던 것은 최소한 장성택이 북한에서는 김씨 가문 외에 유일하게 중요 권력 기반을 갖고 있기 때문이었다. 이러한 권력은 그가 김정일에게 유용한 인물이었으며, 돈벌이에 대단한 수완을 발휘했고 개인적 인기를 누렸으며 김씨 혈통으로 함부로 손댈 수 없는 김경희의 남편이라는 사실에서 나왔다. 부하를 부리는 수완이 탁월했던 김정일은 실제로 장성택을 통해 조직지도부의 견제를 독려했고, 류경의 사례에서 보듯이 숙청과 면직을 통해 이따금씩 가지를 치게 했다.

그보다 앞서 김정일은 인민보안부(현 인민보안성) 부장인 장성택을 부추겨 1990년대 후반 내내 국가안전보위부 부원들을 숙청했다. 조직지도부가 감시·감독에 대해 누리는 압도적 힘을 줄이기 위해서였다. 김정일은 심지어 2007년 조직지도부의 일부인 행정부를 장성택에게 내줬다. 상당한 불만이 일었음은 물론이다. 하지만 김정일은 이따금 장성택을 권좌에서 끌어내릴 필요가 있다고 여길 때가 있었고 2004년 리제강을 활용해 그를 숙청했다(이후 2006년에 복권시켰다).

북한 지도부에 대해 생각할 때는 '이데올로기' 같은 관심사나 누가 강경파이고 개혁파인지 여부를 따지기보다 그 위에 세력 다툼, 개인적인 경쟁, 권력 균형의 필요성이 작동한다는 점을 고려해야 한다. 2013년 12월, 급작스러운 장성택의 숙청과 처형은 북한 내에 오랫동안 계속돼 온 파벌주의의 맥락에서 보면 이해가 훨씬 더 잘 된다.

그러면 장성택의 실각을 어떻게 봐야 할까? 조직지도부의 쿠데타였을까, 김정은의 결정이었을까, 아니면 두 가지가 합쳐진 결과였을까? 단정 지을 수는 없지만, 조직지도부가 최대 수혜자였음은 분명하다. 하지만 장성택은 북한에 들어오는 사업 기회를 잡는 데 지나친 욕심을 부리기도 했다.[16] 그래서 권력층 내에는 그에 대해 반감을 가진 사람이 많을 수밖에 없었다. 장성택은 또 길주 핵실험장과 함께 북한의 해외 무기 거래 활동을 관장하는 기구인 제2경제위원회를 지휘했던 것으로 전해진다.

장성택이 사업과 핵 프로그램 양쪽 모두에 대해 너무 많은 영향력을 가졌다면 조직지도부는 물론 김정은에게도 위험하게 느껴졌을 것이다. 여기에 장성택의 사업 기회 독점 사실까지 더해지면서, 그의 제거를 바라는 엘리트들은 이제 충분한 연합 세력을 이루게 됐다. 심지어 장성택 자신이 최소한 조직지도부에 맞선 쿠데타를 모의했을 가능성도 있다. 북한이 그를 제거한 후 내놓은 공개 발표문에서 분파주의를 언급한 사실을 감안하면 더욱 그렇다. 그래서 김정은과 조직지도부의 부부장들 그리고 다른 권력층의 개인들은 더욱 서로 연합해 장성택을 인정사정없이 처단했을 수 있다.[17]

하지만 장성택의 제거는 북한 내부에 불안정을 초래할 가능성이 커 보인다. 그의 개인적인 후견망은 워낙 거대해서 인민보안부뿐 아니라 정부 모든 부서로 뻗어 있었다. 장성택은 40년에 걸친 세월 동안 북한 내부에 수천 명에 이르는 아주 깊숙한 '라인'을 구축할 수 있었다.

라인이라는 개념은 한국 회사와 정부 기관 등에도 강하게 존재한다. 조직 내 떠오르는 스타가 자기 고향 사람이나 군 시절을 함께 보낸 사람, 출신 학교로 연줄이 있는 사람, 자신과 잘 지내는 사람을 데려오거나 승진시키는 것을 말한다. 시간이 지나면서 그런 사람들이 남들보다 더 빨리 진급하고, 이들은 다시 자기 사람을 데려오기 시작한다. 결국 떠오르는 스타는 고참이 되고, 그 밑에 수백 명의 심복으로 구성된 라인을 거느린다. 만일 그가 지위를 잃으면 그의 라인에 있던 사람은 새로운 라인에 서야 한다. 그러지 않으면 상승세가 꺾이고 만다. 북한에서도 마찬가지다. 하지만 잘못될 경우 한국에서보다 훨씬 가혹한 말로를 맞을 수 있다. 장성택이 몰락한 후 그의 라인에 속했던 인물들은 강등되거나 숙청되거나 지방으로 추방되거나 심지어 처형당하기도 했다.

장성택 라인 사람들은 자주 선물을 하사받았고, 라인이 유지되는 이유도 부분적으로는 여기에 있었다. 그의 보스인 김정일도 한때 추종자를 얻기 위해 썼던 수법이다. 수십 년간 장성택을 경계했던 김일성을 포함해 그런 장성택을 탐욕스럽게 보는 사람도 있었지만 그의 수하 사람들은 장성택을 인심 좋은 가부장으로 생각했다. 그는 집이나 차를 사거나 결혼식 비용을 마련할 때와 같이 돈이 필요할 때면 '찾아가 만나야 할 사람'이었다. 1990년대 중반 대기근 동안 장성택 라인의 일부

말단 인사들은 그의 관대함 덕분에 생계를 이어 갈 수 있었다. 그러니 아주 강한 충성심이 생길 수밖에 없었다. 영어권 국가에서는 장성택을 미국의 부패 정치인의 대명사였던 윌리엄 트위드와 비교하기도 한다. 윌리엄 트위드는 1850~1860년대 뇌물과 정치적 영향력의 어마어마한 커넥션을 관장했던 민주당 내 파벌 태머니홀의 보스였다.

장성택이 제거되자 수천 명의 사람이 자기가 진심으로 좋아했던 지도자를 잃었을 뿐만 아니라 협소해진 미래 전망에도 적응해야 할 처지가 됐다.[18] 장성택이 처형된 충격적인 방식 또한 그의 라인에 속한 고위 인사 일부에게는 생생한 두려움을 주입했을 것이다. 이것은 라인의 불안정과 내부 다툼은 물론 이탈의 가능성도 증가시킨다. 장성택을 제거한 세력은 이런 사실을 알고 있었음에 틀림없다. 장성택의 숙청이 시작됐을 때 김정은은 실제로 북쪽 지방 양강도 삼지연군에 있었다. 삼지연은 백두산에 인접해 있기 때문에 북한 신화에서 중요한 곳이다. 북한은 김정일이 백두산에서 태어났다고 선전하고, 김씨 가문은 백두혈통을 잇는 것으로 소개된다. 삼지연은 비상시에 김씨 가문 일원과 고위 엘리트 들이 집결할 수 있는 요새 지역 중 한 곳이기도 하다. 중국 국경이 바로 옆에 있기 때문에 정말 더 버틸 수 없는 상황이 벌어지면 지도자와 가족은 걸어서 북한을 탈출할 수도 있을 것이다. 숙청이 벌어지던 동안 삼지연에서 김정은과 함께 있었던 인물 중에는 황병서 당시 조직지도부 부부장과 가까운 조직지도부 일원인 김원홍 국가안전보위상이 있었다.

하지만 김일성의 딸이자 장성택의 미망인인 김경희는 어떻게 될까? 장성택 처형 사건에서 가장 의문스러운 부분 중 하나는 그 과정에서 그녀의 역할이다. 백두 혈통의 일원이며 김정일의 유훈 집행자인 김경희는 최근까지도 세계 전역에 숨겨 둔 수십억 달러에 이르는 김씨 가문 자금의 관리자였다. 그녀는 거대한 자기 라인을 거느리고 있었을 뿐 아니라 장성택과 함께 김정은의 섭정으로 간주됐다. 따라서 장성택의 숙청 과정에서 김경희는 남편의 희생에 동의했거나, 그게 아니면 자신의 영향력을 잃게 되면서 그런 지경까지 내몰렸을 수 있다.

이 물음에 대해서는 어느 쪽이 옳은지 단정할 만큼 신뢰할 만한 증거가 없다. 하지만 확실한 것은 김경희가 최근에는 북한 밖에서 소일하고 있다는 사실이다. 김경희는 싱가포르와 프랑스에 집이 있다. 그녀는 또한 건강 상태가 좋지 않다.[19] 설사 2013년 11~12월에는 김경희가 자진해서 장성택을 구할 힘이 있었다고 해도—여러 소식통에 따르면, 장성택과 김경희의 결혼 생활은 애정을 잃은 상태였다—머지않아 김정은이 더 이상 그녀의 권위와 보호로부터는 얻을 게 없는 시점에 이르게 돼 있었다. 남은 김씨 가족에 대해서는, 김정은의 형인 정철과 동생 여정[20]은 김정은의 편에 있다고 합리적으로 확신할 수 있다. 하지만 둘의 영향력이 어느 정도인지는 불분명하다.

힘의 균형

김경희에게도 일종의 후계자가 있다. 김정일이 가장 총애했던 둘째 딸 김설송이다. 김설송은 김정일의 '공식' 부인 김영숙에게서 태어난 딸이다. 김정일은 아버지를 기쁘게 하기 위해 김영숙과 결혼했지만, 당시 진심으로 사랑했던 여배우 성혜림과 비밀리에 가족을 꾸렸다. 김설송은 40대 초반, 군에서 한국군의 중령에 해당하는 중좌 계급에 올라 있었고, 오랫동안 비서국의 핵심 일원이었다. 김정일의 안전과 물자 조달을 관장했으며, 이복동생인 김정은과도 계속해서 긴밀하게 협력하고 있다. 김설송은 김경희가 사망할 경우 '가족 변호사'이자 회계사 역할을 맡게 될 가능성이 크다.

김설송은 조직지도부의 부부장이기도 한데, 표면적으로 조직지도부 내 서열을 이용해 고위 비서국의 역할을 위장하고 있다. 이러한 작업은 김정은이 독자적인 이익을 추구하는 숨은 관료 계파에 조종당하는 꼭두각시가 될 가능성을 차단하기 위한 포석으로 풀이될 수 있다. 물론 이런 해석은 김설송이 아버지 김정일의 유훈에 따라 이복동생의 편에 서 있다는 가정하의 이야기다.[21]

게다가 우리로서는 조직지도부 부부장들이 같은 목적하에 일치단결해 있다고 보여 줄 아무런 증거가 없다. 우리가 알기로도 가령, 핵심 조직지도부와 비서국 조직지도부 일원 사이에는 큰 견해차가 있을 수 있다. 결국 몇몇 조직지도부 고위 인사에게 조직지도부 직책은 위장에 지나지 않을 수 있다. 조직지도부는 하나의 집단으로서 막대한 권력을 갖지만 내부 경쟁이 있고, 김정은과 김씨 가문은 이 경쟁 관계를 조율함으로써 어느 정도 통제력을 유지할 수 있는 것이다. 나아가 조직지도부가 앞으로 아무리 큰 권력을 갖게 된다 해도 부부장들은 백두 혈통의 일원을 전면에 내세울 필요가 있다는 사실은 부인할 수 없다.

김정일의 사망 이후 조직지도부는 지도자 공백 상태에 있다. 이 자리는 사실상 김정은이 김정일로부터 물려받지 않은 유일한 고위 직책이다. 이는 김정은이 아직은 아버지가 가졌던 것과 같은 우월적 지위에는 이르지 않았음을 뜻하는 것이기도 하다. 김정일이 완전한 권력 이양을 마치기 전에 사망했다는 사실이 여기에 개연성을 더해 준다. 오늘날 평양의 여러 정보원은 조직지도부 부부장의 중요성을 이야기한다. 심지어 처음으로, 김씨가 적절한 통제력을 장악하지 못한 상태라는 말까지 한다. 하지만 동시에 조직지도부 부부장 중 아직까지 아무도 부장이 되겠다고 나선 사람은 없다. 이는 현재 북한이 실질적으로 어떤 한 사람에 의해 운영되는 건 아니라는 해석에 무게를 더한다.

오늘날 북한은 김정은과 그의 친척, 황병서와 김경옥 같은 조직지도부 고위 인사, 그리고 이들의 신임을 받는 군 고위 인사와 당관료로 구성된, 형식적으로는 통일돼 있지 않은 연합체로 간주하는 것이 가장 타당해 보인다.

그런 점에서 북한은 다른 나라와 공통점이 있다. 북한에도 뚜렷한 국가수반이 있지만 그 뒤에는 늘 일치되는 것은 아닌 이해관계와 성향을 가진 권력자로 이뤄진 층이 존재한다는 사실이다. 설사 북한에서 강경 정책에 이어 개혁 정책이 나오거나, 떠오르는 유망주가 어느 날 갑자기 축출된다고 해서, 그게 변덕스럽고 예측 불가능한 절대 독재자 김정은이 나라를 좌우한다는 것을 뜻하지는 않는다. 오히려 김정은도, 다른 어느 개인도 북한을 완전히 혼자서 좌지우지하는 건 아니라는 것을 뜻할 뿐이다.

위 평양의 순안국제공항의 2010년 모습으로 2014년 전체 리노베이션에 들어가기 전이다. 도착 게시판에 항공편이 없다. 그러나 지금은 국영 항공사인 고려항공과 중국의 차이나항공이 정기적으로 출입국 항공편을 운항하고 있다. 그리고 여름철에는 중국 옌지(延吉)와 창춘(長春)으로 가는 전세기 항공편도 운항한다. 북한은 관광 산업 진흥책으로 2014년 국내 항공편도 정기 운항을 재개했다.
사진: *Roman Harak*

아래 평양 시내 대중교통은 점점 좋아지고 있다. 그래도 늘어나는 수요를 공급이 미처 따라가지 못하는 형편이다. 사진: *Daniel Tudor*

아리랑 매스게임을 준비하는 데는 참가자의 오랜 야간 훈련과 노동이 요구된다. 이때 북한 아이들에게
부과되는 수업 외 요구 사항은 한국 입시준비학원에서의 그것과 크게 다르지 않다.

또한 매스게임과 한국의 입시학원은 몸부림을 치면서도 그 안에서 공통의 목적과 공동체를 발견하게 되다는 점이 서로 유사하다. 매스게임 참가자는 공연의 배경으로 움직이는 대형 인간 스크린을 구현하기 위해 완벽한 호흡으로 책의 컬러 페이지들을 넘겨야 한다. 사진: *Joseph A Ferris III*

위 평양의 학생과 젊은이들은 연중 많은 시간을 집단 체조 공연이자 무예인 아리랑 매스게임을 준비하는 데 보낼 수 있다. 사진: *Joseph A Ferris III*

아래 평양 도심 개선청년공원의 북한 여성과 아이들. 평양에서 장화는 꽤 인기가 있어서 평소에도 신고 다니는 사람을 볼 수 있다. 시골에서도 마찬가지인데, 집단 노동이나 농장일을 할 때는 오히려 장화가 실용적이다. 사진: *Roman Harak*

위 나선 경제특구의 일부인 나진의 이발소. 언론에 나도는 소문과 달리 김정은식 헤어스타일로 이발을 해야 하는 건 아니다. 그렇지만 몇 가지 머리 스타일이 있어 그중에서 선택을 하기 마련이다. 여기에는 얼마간 자기 검열이 작용한다. 여학생들은 호된 비난을 예상하면서도 머리 색을 밝게 물들이기도 한다. 사진: *James Pearson*

아래 세계 지하철 시스템과 마찬가지로 일부 역에는 작은 상점이 있어 장난감부터 음료에 이르기까지 여러 가지 물건을 판다. 값은 회색시장의 원화 환율을 따른다. 사진: *Wang Hsieh*

평양의 신도시인 창전거리 전경. 이곳 주민들은 뉴욕 맨해튼처럼 풍족한 삶을 누린다고 해서 '평양 맨해튼'의 합성어인 '평해튼'이라 불린다. 이곳의 고급 아파트들은 평양의 떠오르는 신흥 부유층을 상징한다. 사진: *Daniel Tudor*

위 북한 곳곳에서 볼 수 있는 거리의 노점상들. 공식적으로는 불법이지만 주민들의 의존율이 커지면서 당국에 의해 묵인되고 있다. 사진: *Daniel Tudor*

아래 북한에서는 종종 국가의 바람과는 반대로, 이와 같은 시장 수준의 자본주의를 볼 수 있다. 함흥에 서 여성들이 길가에 좌판을 차려 놓고 행인에게 음식과 물건을 팔고 있다. 사진: *Lily Saywell*

위 지난 5년 사이 북한에서 일어난 가장 눈에 띄는 변화 중 하나는 휴대전화의 부상이다. 2008년 무선통신 사업자인 고려링크가 출범한 이후 200만 명 이상의 북한 주민이 휴대전화를 구입해 서비스에 가입했다.
사진: *Joseph A Ferris III*

아래 북한에 내걸린 안드로이드 스마트폰과 태블릿PC 선전 광고. 정부 선전물은 오래전부터 있어 왔지만 상업 광고물은 비교적 최근에 등장했다. 그래서 광고 문안이나 디자인의 세련미는 떨어진다.
사진: *Daniel Tudor*

2016년 5월 10일 조선노동당 제7차 대회 폐막을 알리는 축하 행렬에 참가한 평양시와 주변 지역 주민들. 행렬이 김정은 앞을 지나갈 때 많은 참가자들이 감격에 겨워하고 울기까지 하는 모습이다.
사진: *James Pearson*

같은 날, 폐막 퍼레이드에서 대학생들이 당 깃발을 들고 행진하고 있다. 그 너머로 무대 차량 위에 실린 김일성과 김정일 동상이 보인다. 학생들은 평소 학업과는 별도로 이렇게 동원되는 행사를 준비하느라 몇 달씩 연습한다. 사진: *James Pearson*

북한 나선 경제특구에서 중국 국경으로 이어지는 길. 중국이 돈을 내고, 중국 노동자들이 길을 닦았다. 중국은 압록강을 가로질러 중국 단동과 북한 신의주를 잇는 현수교 건설에도 수백만 달러의 비용을 댔다. 사진: Roman Harak

위 북한 동해안 원산항 근처에서 낚시를 하는 모습. 이 부두는 김정은의 여름 별장에서 차로 멀지 않은 곳이다. 김정은의 여름 별장에는 프린세스 요트가 제작한 요트 두 척을 포함하여 온갖 사치품이 보관돼 있다. 사진: *James Pearson*

아래 해안 가까이 사는 사람이라면 원산항과 같은 해변에서 여유로운 시간을 보내기도 한다. 바다에 갈 수 없는 주민들은 지방의 강과 개울을 찾는다. 하지만 국내 여행을 하려면 곳곳의 검문 초소를 거쳐 야 하고, 증빙 서류 없이 통과하려면 뇌물을 줘야 한다. 사진: *Alexander Akulov*

위 평안남도 도청 소재지인 평성시 모습. 지리적으로는 수도 평양에서 그리 멀지 않은데 경제 사정을 보면 딴 세상이다. 사진: *Daniel Tudor*

아래 평안남도의 아주 흔한 농촌 거리 풍경. 앞뜰에 개인이 경작한 채마밭이 보인다. 십중팔구 인접 주택에 사는 가족들이 먹기 위해, 그리고 남는 것은 암시장에 내다 팔기 위한 것이다.

사진: *Lily Saywell*

위 한국 기업과 합작해 피아트와 브릴리언스 차이나 오토모티브에서 라이선스 받은 차량을 생산하는 북한 국영 평화자동차의 흔치 않은 광고. '백두에서 한나까지'라고 적혀 있다. 남북한을 가르는 DMZ가 세계에서 가장 통과하기 어렵고 요새화된 국경 지대임을 감안하면 아이러니한 문구다.
사진: *Joseph A Ferris III*

아래 동해안 원산. 젊은 중산층 가족과 아마도 돈 많은 신혼부부가 기념사진을 찍기 위해 해변으로 걸어가고 있다. 사진: *James Pearson*

위 1987년 영광스럽게 시작된 평양 류경호텔 건설 사업은 1990년대에 들어 자금난에 시달리자 무산되는 듯 보였다. 북한의 수도 위로 불길하게 솟구친 빛나는 피라미드 모양의 이 건물은 2010년 외국 기업의 투자를 받아 마침내 유리 외장을 마쳤지만 아직 미완공 상태다. 소식통에 따르면 향후 수년 내 문을 열 것이라고 한다. 사진: *Roman Harak*

아래 평양 시내에 서 있는 동상은 북한 노동당 배후의 상징을 대표하는 이상화된 사람을 보여 준다. 해머를 든 노동자와 낫을 든 농민, '일하는 지식인'이라는 소련식 비유에 북한 특유의 붓을 추가한 형상이다. 사진: *Roman Harak*

평양의 전동차는 대부분 1990년대 동독에서 들여온 것이다. 평양에는 지하철역이 두 개뿐이라는 이야기가 나돌지만 실제로는 두 개 노선에 걸쳐 열여섯 개의 역이 있다. 그렇지만 지하철이 대동강 남쪽으로 건너가지는 않는다. 평양의 '강남' 주민은 도보나 자전거, 버스로 통근할 수밖에 없다.
사진: Wang Hsieh

위 북한의 중년 남성들이 평양의 한 주점에서 담배를 피우거나 맥주를 마시며 한담 중이다. 벽면에 평면 텔레비전이 걸려 있다. 사진: *Daniel Tudor*

아래 평양시와 평안남도를 가르는 경계선. 글자 위에 그어진 붉은색 삼선은 '허가증이 없으면 들어오지 마시오'라는 뜻이다. 통행허가증은 특권층이나 뇌물을 건네는 사람에게만 발급된다. 사진: *Daniel Tudor*

위 평양 지하철역 안에는 신문 게시함이 있어 일반 주민이 종종 읽기도 한다. 사진: *Joseph A Ferris III*
아래 사람들이 야외 공원에서 함께 술을 마시고 노래를 부르며 즐거운 시간을 보내고 있다. 이런 '음주가무'는 북한 사람들의 일상에서 큰 비중을 차지한다. 사진: *Daniel Tudor*

위 북한 학생들은 과거 소련과 동독의 청년 선봉대가 둘렀던 것과 같은 붉은색 스카프를 두른다. 심지어 구호도 같다. "늘 만반의 준비를!" 북한에서 15세 이상 청소년은 청년동맹으로 알려진 조직에 가입할 수 있다. 이 조직의 많은 청소년들은 '체제 전복적인' 옷차림을 감시하는 패션 경찰 활동을 비롯해 사회 통제 활동에도 참여한다. 사진 속 여학생들은 햇빛으로부터 피부를 보호하기 위해 양산을 썼다. 북한에서 양산은 꽤 넓게 퍼져 아주 흔해진 패션 장식물이다. 사진: *Joseph A Ferris III*

오른쪽 위 평양 만경대 어린이궁전의 선전물. 북한의 영원한 수령인 김일성과 그의 아들이자 전 지도자인 김정일이 아이들과 함께했다. 사진: *Roman Harak*

오른쪽 아래 김정일 전 지도자와 그의 아버지 김일성은 중국과의 접경지대인 백두산 정상의 이미지 선전물에 주기적으로 등장한다. 사진: *Roman Harak*

위 평양의 김정숙 방직공장에서 여성 근로자가 직물을 분류하고 있다. 이 공장은 국가 전시용 시설이지만, 이런 국영기업의 노동생산성은 현저하게 낮아진 상태다. 최근에 와서야 임금이 시장 환율에 따라 지급되기 시작했다.
사진: James Pearson

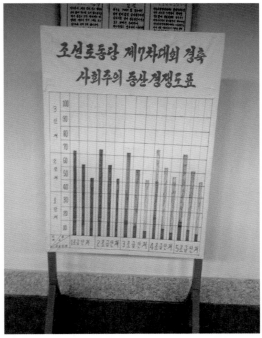

아래 평양의 방직공장 내부에 세워진 게시판. 2016년 5월 6일 열리는 조선노동당 제7차 대회를 앞두고 목표를 경쟁적으로 달성한다는 내용의 일정표가 그려져 있다.
사진: James Pearson

오른쪽 위 함경남도 문천. 한 여성이 자전거를 타고 지나간다. 북한에서 이런 자전거는 물건을 싣고 시장을 오가는 데 유용하다. 그렇지만 도로 유지 사정이 좋지 않다 보니 자전거 수리는 가장 인기 있는 서비스 직종 중 하나가 됐다.
사진: Alexander Akulov

위 황해북도의 어느 시골. 이런 삼륜차도 물건을 싣고 도시와 마을, 시장과 농장 사이를 다니는 데 유용하다. 중국의 교통이 번잡한 길도 한때 자전거로 완전히 뒤덮인 적이 있다. 비슷한 맥락에서 북한에서 오토바이는 그걸 구입하고 유지할 수 있는 돈이 있는 사람에게 신분 상징물로 인기가 높다. 오토바이의 다수는 중국에서 들여온 것이다. 사진: *Lily Saywell*

아래 북한의 일반 주민이 자동차를 산다는 것은 여전히 상상하기 어려운 꿈이다. 하지만 일부 엘리트는 허머와 같은 호화로운 차량도 살 수 있다. 외국 관광객이 평양 시내를 지나다 보면 눈에 띄기도 한다. 그런 차가 어떤 차인지를 아는 북한 사람들은 만성적인 연료 부족에 시달리는 나라에서 그토록 기름을 많이 먹는 차량을 못마땅하게 생각하는 것으로 알려져 있다. 사진: *Roman Harak*

위 북한의 비처방전 시판 의약품 광고. 한국과 마찬가지로 소화제와 함께 과음자를 위한 간장약 광고를 흔히 볼 수 있다. 다양한 약효를 선전하는 '귀비환'은 정체가 다소 모호하다. 사진: *Daniel Tudor*

아래 북한의 대표적인 담배 브랜드 '727'과 '대동강', 그리고 '아침'. 김정은이 가장 좋아한다는 담배가 727이다. '아침'은 이란에 수출되고 있다. 사진: *James Pearson*

위 평양의 슈퍼마켓. 생활용품을 비롯해 각종 식료품이 잘 정리되어 있다. 사진: *Daniel Tudor*
아래 평양 시내 수족관의 돌고래 쇼. 최근 들어 북한 정부는 중상층을 위한 오락 시설 확충에 관심을 쏟고 있다. 이곳에서는 동물들도 체제 선전용으로 활용된다. 쇼가 진행되는 동안 돌고래들은 김정은을 찬양하는 노래에 맞춰 춤을 춘다. 사진: *Daniel Tudor*

왼쪽 평양 소녀의 뒤편으로 "수령님은"으로 시작되는 선전 포스터가 보인다. '수령'이라는 단어는 지도자라는 뜻이지만 북한에서는 건국의 지도자, 영원한 지도자인 김일성에게만 쓸 수 있다. 이런 선전물의 상당수는 국가 예술가들이 손으로 직접 그린다. 대량 출판물에 비해 돈이 적게 드는 대용품이다. 사진: *Wang Hsieh*

위 평양의 국영 고아원에서 놀이를 즐기고 있는 소녀. 회전 놀이기구도 북한이 자랑하는 은하 로켓과 전투기를 본뜬 형태로 제작돼 있다. 이런 식으로 아이들은 일찍부터 김씨 일가뿐만 아니라 미사일 프로그램까지 선전하는 환경 속에서 커간다.
사진: *James Pearson*

오른쪽 전통 한복 차림의 소녀들이 전 지도자인 김일성과 김정일의 대형 동상 아래서 절을 한 후 돌아가고 있다. 북한 주민 대부분은 국가적인 일이 있을 때 이런 이념적 의식을 의무적으로 수행해야 한다.
사진: *Roman Harak*

왼쪽 북한 병사들이 김일성 수령 100주기 기념 군사 퍼레이드를 마친 후에 평양을 떠나고 있다. 이런 사역에 동원되는 데 비해 훈련과 배급은 부실하다. 사진: *Joseph A Ferris III*

왼쪽&아래 북한에서 '승리의 날'이라고 부르는 7월 27일이 되면 병사들은 6·25 전쟁의 종전을 기념하는 군사 퍼레이드에 동원된다. 국영 혹은 해외 매체들은 종종 엄숙한 표정의 병사들이 직각 걸음으로 평양 시내를 지나는 장면을 보여 주지만 몇 구간 지나 모퉁이를 돌고 나면 보다 풀어진 얼굴과 기쁜 표정을 볼 수 있다. 사진: *Wang Hsieh*

왼쪽 평양의 조선인민군 장교. 북한의 군부대는 무료 노동반과 크게 다를 바가 없다. 사진: *Wang Hsieh*

위 북한 여성들은 노동력으로 동원되고 심지어 군에도 입대하는데, 이들 중 다수는 안내원과 교사, 심지어 오락요원(엔터테이너)으로도 복무한다. 사진: *Roman Harak*

아래 장작을 실은 트럭이 동해안 항구도시 원산과 수도 평양 사이의 국도를 따라 이동 중이다. 함께 이동하는 여성 병사의 모습도 보인다. 사진: *Joseph A Ferris III*

위 북한은 소수 정예의 전투 대기 부대를 보유하고 있다. 보통 군인은 서울의 '꼭두각시' 정권을 분쇄하기 위한 훈련보다 건설 작업에 더 많은 시간을 보내고 있을 가능성이 크다. 사진: *Joseph A Ferris III*
아래 조선인민군 부대가 트럭 뒤 칸에 빽빽이 자리했다. 수도 평양에서도 흔히 볼 수 있는 광경이다.
사진: *Roman Harak*

위 맥주는 북한이 한국보다 더 잘 만들지도 모르는 것 중 하나다. 평양 시내의 바와 호텔에서 많은 경우 맥주를 직접 만든다. 그러나 대부분의 북한 주민, 특히 쓸 돈이 거의 없는 시골 사람에게는 집에서 만든 밀주만이 유일하게 믿고 마시고 취할 수 있는 주류로 남아 있다. 사진: *Wang Hsieh*

아래 일부 모범 공장은 외국 관광객에게 개방돼 왔다. 이곳은 그중 남포 천리마제강소다. 직원 임금을 지불할 때 회색시장 환율을 적용하는 공장이 생겼다는 보도가 있었다. 사진: *Joseph A Ferris III*

*주의 이 사진들이 북한의 숨은 내부를 보여 주는 드문 관찰의 결과물은 아니다. 북한을 방문하는 관광객이라면 접하게 되는 장면이다. 보여 주기 위해 내놓은 장면을 섞은 것이지만, 간혹 암시장으로 가는 여성의 모습 등 보기 드문 장면도 들어 있다.

1 그리고 이 점에서는 한국도 차이가 없다. 여기서도 삼성의 회장부터 직전 대통령에 이르기까지 가장 힘 있는 사람들은 거물들의 자손들이다.

2 일부 분석가들은 최룡해가 '넘버 2'였다고 주장하지만, 사실은 그 근처에도 이르지 못했다. 2014년 5월의 강등 처분이 이를 확증한다. 최룡해는 장성택 처형의 여파 속에서 유용한 연막으로 활용되는 데 그친 것으로 보인다(국정원 산하 국가안보전략연구원은 지난 3월 공개한 '최근 북한 핵심 권력층 간 갈등 징후'라는 제목의 자료에서 고위급 탈북민의 증언을 토대로 최룡해 당 부위원장이 2인자 자리를 놓고 황병서 군 총정치국장, 김영철 통일전선부장 등과 암투를 벌이고 있다 설명했다 – 역자 주).

3 김정일은 특히 마틴 스코세이지 감독의 광팬이어서, 그가 만든 모든 영화의 앵글과 샷을 두고 자세히 토론할 수도 있었다. 김정일이 평범한 가정환경에서 성장해, 강박적이지만 뛰어난 영화 제작자가 됐더라면 세상이 더 행복했을 것이라는 상상을 하게 된다.

4 그래도 김정일은 동시에 부친의 유격대 시절 옛 동지의 비위를 맞추는 데도 신경을 써, 이들이 정부 내 권위 있는 자리에 머물도록 했다. 선물과 명예를 안기는 방법으로 건국 원로의 지지, 때로는 최소한 묵인을 통한 지지라도 확보할 수 있었다.

5 코트 같은 겉옷에는 부착하지 않는다. 양복 상의는 무방하다.

6 3대 혁명은 문화 혁명, 기술 혁명, 이념 혁명이다.

7 3대 혁명 운동의 가장 성공한 수혜자가 장성택이었다.

8 한 소식통은, 김일성이 실현하려는 것을 김정일이 반대 방향으로 이끈 것이 북한에서 발생한 수많은 역기능의 화근이라고 전했다.

9 북한의 정치용어사전 1970년판에 권력의 세습 승계를 "착취 사회의 반동적 관습으로 (…) 봉건 영주들이 독재적 지배를 영구화하기 위한 수단으로 채택했다"고 기술된 사실은 유명하다. 1972년판에는 이 부분이 빠졌다.

10 우연찮게도, 김정일은 조직지도부를 3대 혁명의 단체 경험자로 채웠다. 3대 혁명 운동은 확립된 권력을 빼앗아 김정일에게 넘겨주는 역할을 했다는 점에서 조직지도부의 선

구로 볼 수 있다.

11 예컨대, 리영호 총참모장만 해도 2012년에 숙청되기 전까지는 대단한 일인이었다. 2003년부터 2009년까지 평양방어사령부를 지휘했다. 이 말은 그가 최고 지도자가 사용하는 모든 터널과 안가가 어디에 있는지, 그리고 쿠데타 기도나 공격이 발생했을 때 그것들이 어떻게 사용되는지를 다 알았다는 뜻이다. 만약 리영호와 장성택이 김정일 사망 직후 세력을 합칠 능력과 의향이 있었다면 체제를 전복시킬 수도 있는 강력한 기회를 잡았을 수 있다.

12 실제 일어났던 일이다. 그런데 이후 조용히 잊혔다.

13 북한에서는 엄지손가락을 세우는 것이 최고 지도자를 지칭하는 것으로 보인다. 누군가 "왜 우리가 이런 걸 해야 하지? 대관절 누구 생각이야?" 하고 물었을 때 엄지손가락을 들어 보이면 거기에 다들 순응할 수밖에 없다.

14 2013년, 6·25 참전 용사 메릴 뉴먼이 북한에 억류됐을 때 많은 사람이 그가 복용 중인 심장병 약을 북한에서도 구할 수 있는지 알고 싶어 했다. 틀림없이 봉화진료소에서 공급했을 것으로 생각될 만큼 봉화진료소는 북한 최고의 병원이다.

15 김일성은 악명 높은 바람둥이어서 혼외 자식이 많았다. 김정일은 보다 선별적이었다. 자신의 탐미적 충동을 충족시키는 데 기쁨조를 활용한 것으로 보인다. 기쁨조의 안무와 향수 등에 조언을 하기도 했다. 이 정보를 알려 준 소식통은, 김정일의 고급 취향과 자신감을 보면 그가 미국 시트콤 「프레이저(Frasier)」의 정신과 의사 프레이저 크레인을 닮았다고 했다. 여자 문제에 관한 한 김정은은 보다 '가정적인 남자'로 여겨진다.

16 당시 주요 경제 분쟁의 일부는 석탄과 조개 판매 통제권을 둘러싼 것이었다는 의견이 많다. 장성택 역시 석탄을 헐값에 팔아치워 착복했다는 의심을 받았다.

17 장성택과 그의 가까운 혈연지간이 모두 처형됐다는 사실은 장성택이 현존 질서를 위협하는 이례적인 어떤 일을 저질렀을 거라는 주장의 근거가 된다. 왜냐하면 일반적으로 숙청되는 사람은 가택연금하에 놓이거나 지방으로 좌천 혹은 강등되기 때문이다. 장성택과 그의 가족들이 당한 충격적인 잔혹사는 다른 한편으로 경쟁자의 두려움이 반영된 것일 수 있다. 장성택의 모든 잔재를 제거하는 것은 물론, 훗날 보복할 사람도 남아 있지 않게 한 것이다. 피살된 사람 중에는 어린이도 포함된 것으로 보인다.

18 장성택에 관한 주요 정보원은 그를 '정말 좋은 사람'이라고 불렀다. 장성택은 가끔 술에

취하면 나라의 상황을 한탄하면서 울음을 터뜨리기도 했다.

19 알코올중독과 관련 있을 수 있다. 김경희는 알코올중독과 우울증으로 수십 년 동안 고생했다. 물질적인 측면에서 놀라운 삶을 살았지만 정신적으로는 그러지 못했다. 아주 어릴 때 모친이 죽었고 계모한테 학대받았다. 또 딸을 자살로 잃기까지 했다.

20 김여정이 북한 국영 매체에서 처음으로 공식 호명된 것은 2014년 3월 최고인민회의 대의원 선거에서였다.

21 물론 큰 가정임을 인정한다. 김씨 일가 역시 최근 수년에 걸쳐 정부의 나머지 세력과 마찬가지로 분파적인 성향을 드러냈다. 주변의 이복자매와 이복형제 들 수를 감안하면 조금도 놀랍지 않다.

4장

죄와 벌
(feat. 국가안전보위부)

북한이 21세기에 볼 수 있는 그 어떤 잔혹함에도 뒤지지 않는 정치범수용소를 운영한다는 것은 잘 알려진 사실이다. 북한의 형벌 체계는 체제에 대한 도전의 대가가 견딜 수 없을 만큼 크게 느껴지도록 설계되었고, 그렇게 운영된다. 잔혹함이 팽배해 있다 보니 어떤 관찰자도 북한의 질서 유지 시스템을 논의할 때에는 냉정한 시선으로 순수하게 기술적인 방식으로 접근하기가 어렵다. 하지만 최선을 다해 보겠다.

북한이 정치범수용소와 고문, 가혹 행위의 존재를 부인하는 것도 문제를 복잡하게 만든다. 북한의 형벌 체계가 실제로 어떻게 작동하는지 보여 주는 큰 그림을 이어 붙이려면 불가피하게 탈북자들의 증언과[1] 드물지만 외부자들과 이 문제를 이야기할 정도로 대담한 북한 관리들의 비보도 조건부 발언에 의존할 수밖에 없다. (구글 어스를 통해 먼 거리에서 보는 것을 제외하고는) 독자적으로 정치범수용소를 볼 수 있는 방법은 없다. 또한 정치범수용소에 관한 믿을 만한 통계 자료에도 접근할 수 없다.

종종 북한 정치범수용소에는 20만 명이 수용돼 있다고 이야기된다.

하지만 이 수치는 세계 어디에나 존재하는 유형의 범죄―절도와 강도 같은 범죄를 처벌하기 위한 보다 '일반적' 교도 기관에 구금된 사람까지 포함한 숫자일 가능성이 아주 크다. 보다 신빙성이 높은 추산에 따르면, 일반 범죄로 투옥된 수감자 수는 약 7만 명, 정치범은 8만~12만 명에 이른다. 이런 사정에도 불구하고 북한의 모든 성인들은 정치범수용소에 대해 알고 있다. 그 안에서 무슨 일이 벌어지는지에 대해서는 정확히 알지 못해도 두려워하는 건 확실하다. 따라서 정치범수용소가 통제력 유지에서 차지하는 역할에 대해서는 이론의 여지가 없다.

비정치적 범죄

앞에서 썼듯이 북한에는 '일반' 범죄자들도 있다. 모든 사회에는 약물중독과 경범죄에 빠져드는 젊은이들이 있고, 사기를 저지르는 사람이 있는가 하면 감정이 격해져 연인을 살해하는 사람, 담벼락에 낙서를 휘갈기는 사람도 있다. 북한에서 그런 행동을 한 사람은 사법 체계에 의해 극도로 가혹한 처벌을 받게 돼 있지만, 가난한 비민주주의적 국가의 기준에서 보자면 전적으로 이례적인 수준은 아니다.

북한에서 절도와 같은 표준적인 범죄 사건은 1990년대 대기근 이후 폭발적으로 늘었는데 이런 현상도 부패가 증가하고 사회적 신뢰가 일반적으로 하락한 것과 함께 진행됐다. 예를 들어 자전거 절도는 이제 너무나 흔해져서 아파트 주민들은 밤이면 자전거를 집 안에 들여놓는다. 불평등이 심해지고 과시 소비가 늘어나면서, 이제는 필수품이 된 휴대전화 절도도 기승을 부리고 있다.

전화를 훔친 혐의를 받으면 인민보안부에 출두해야 한다. 인민보안부 직원은 20만 명에 이르는데, 도시, 마을, 동네마다 경찰서를 운영하면서 실질적인 경찰력으로 기능한다. 이들의 권한 범위는 아주 넓다. 공공질서 유지와 사회불안 퇴치, 범죄 수사는 물론, 개인 신분증과 주민들을 고향 지역에 묶어 평양 진입을 막는 지방등록제를 운영할 뿐만 아니라 도로 교통을 단속하고 심지어는 교도소 운영까지 맡고 있다. 또 우리가 아는 것처럼 1990년대 중반 이후에는 제 역할에 크게 못 미치고 있긴 하지만 식량 배급에 대한 책임도 맡고 있다.[2] 인민보안부는 장성택이 2013년 처형되기 전까지만 해도 그의 거점이었다. 따라서 다른 국가 기관들과의 경쟁적인 관계에서 벗어날 수 없었다.

인민보안부 관리를 대하는 북한 주민의 모습을 보면 우리가 상상하는 만큼 두려워하는 것 같지는 않다. 북한 외부로 밀반출돼 아시아프레스라는 언론기관에[3] 입수된 비밀 촬영 동영상이 있는데, 여기에는 한 중년 여성이 경찰 면전에 대고 계속해서 욕을 하고 손가락질하는 장면이 나온다. 이런 일은 한국과 같은 장유유서 사회에서는 실제로 그렇게 드문 일이 아니다. 결정적인 점은 이 동영상을 보면 다른 시민들이 모여들어 아줌마의 편을 드는 장면까지 나온다는 사실이다. 결국 경찰관은 이 여성과의 언쟁을 포기하고는 걸어가버린다. 이런 사건들은 이례적인 게 아니라 일반적이다. 평양 밖에 사는 일반 시민은 보통 경찰관을 그렇게 두려워하지 않는다는 분석도 가능하다. 대기근 이후에는 사회 환경이 변하면서 뇌물이 관행이 됐고, 평양 밖에서는 정치적 위협이 우려되는 지역을 제외하고는 북한 정권으로서도 엄격한 질서를 부과할 의향도 능력도 더 이상은 느끼지 못하기 때문이다.

동영상에서 여성이 경찰관에게 화를 낸 이유 또한 중요하다. 경찰관은 여성에게 뇌물을 요구했다. 부패가 북한 사회에 만연해진 상태고, 나아가 인민보안부는 현금에 굶주린 정부에서 극도로 큰 부분을 차지한다. 따라서 뇌물은 인민보안부 관리 개개인이 과외 소득을 올리는 수단일 뿐만 아니라 조직 전체가 살아남기 위한 방편이다. 그래서 많은 범죄의 경우 당사자가 약간의 돈만 있으면 곤란을 면할 수 있다. 뇌물 액수는 용의자의 재산과 범죄의 위중함에 따라 달라진다. 담배 한 갑 정도로 해결되는 일도 있고 수백 달러에 이르는 뇌물을 줘야 할 때도 있다.

1990년대 중반 대기근은 국가와 시민 간의 사회계약을 파괴했고, 살아남기 위해 필요한 것이라면 무엇이든 하려 드는 사람들을 양산했다. 이런 상황에서 사람들은 기회만 있으면 무엇이든 훔치려는 동기를 품게 됐고, 이제 뇌물 문화는 그럴 수 있는 기회를 제공하고 있다.

인민보안부는 상대적으로 경미한 사건들에서는 조정 역할만 하고 마는 경향이 있다. 예를 들어 10대 낙서범이라면 담벼락 주인을 만나 엄한 꾸지람을 듣게 한 후 방면시킬 가능성이 높다. 식구 중 미성년 자녀가 반사회적 행위에 개입됐다면 부모로서도 난처한 일일 테고, 아버지가 나서서 자녀가 다시는 비행을 일삼지 않도록 바로잡을 것이라고 가정할 수 있기 때문이다.

하지만 보다 엄중한 잘못을 저질렀거나 그날 마침 인심이 좋지 않은 열혈 경찰관에게 잡혔다면 어떻게 될까? 그런 경우 법정에 서게 될 가능성이 크다. 다른 나라와 마찬가지로 북한에도 여러 심급의 법원이 존재한다. 가장 낮은 심급에서는 신망 있는 마을이나 동네 어른이 주관하는 '인민 법정'에 기소될 수 있다. 그다음이 지방법원, 그다음이 전국을 관할하는 중앙 법원이다. 재판관을 지명하기 위한 공식 절차는 있지만 담당 판사는 사건마다 결국 조직지도부에 의해 공식 선별까지는 아니더라도 지명이 된다.

기소 절차는 외관상으로는 공정성을 띤다. 피고 측 변호인과 검사가 있어 판사 앞에서 각자 주장을 개진한다. 판사도 피고에게 무죄 판결하는 경우가 종종 있다. 이것은 뇌물의 결과일 수도 있고 아니면 경찰과 검사가 사람을 잘못 봤다는 믿음에서 나온 것일 수도 있다. 유죄 판결이 내려진다고 해도 항소가 가능하다. 북한은 형식 절차를 중시하는 대단히 관료주의적인 국가다. (비록 가장 중요한 결정들은 그런 절차를 완전히 지나치기는 하지만) 그런 맥락에서 긴 항소 절차가 마련돼 있고 드문 경우에는 그런 절차가 성공적으로 활용되기도 한다.[4]

일반적인 교도소

북한에는 사람을 격리 수용하는 곳으로 다섯 가지 유형이 있다. 그중 넷은 인민보안부가 운영하는 곳으로, '비정치적' 수용소다. 첫 번째 것은 구류장[5] 혹은 경찰서인데, 용의자를 체포한 후 데려가서 신문하는 곳이다. 그다음은 잡아 두거나 대기시키는 곳인데 집결소라 불린다. 수사가 진행되는 동안 혹은 판결이 확정되기 전까지 이곳에 잡혀있을 수 있다. 불법으로 국경을 넘어 중국으로 갔다가 중국 당국에 의해 강제 송환된 경우 보통 집결소에 수용된다. 거기 있는 동안 인민보안부가 이들에게 어떤 처분을 내릴지 결정한다. 인민보안부가 볼 때 이 월경자가 '정치적' 범죄자라고 판단되면, 즉 중국 선교사나 한국 사람과 접촉했거나 한국에 가려는 의도가 있었다면 국가안전보위부로 넘겨지고, 단지 사업이나 일 때문에 중국에 있었던 것으로 믿어지는 사람은 인민보안부 기관 내 다음 상위 기관인 노동단련대로 보내질 가능성이 크다. 이곳에서 몇 개월에서 1년 사이의 형을 살게 된다.

노동단련대는 노동훈련센터에 해당된다. 국경을 넘다 잡힌 사람은 좀도둑이나 마약 거래상 같이 상대적으로 낮은 급의 범죄자와 함께 수용된다. 중국제 휴대전화를 사용하다 잡혀 온 성분 좋은 사람도 이곳으로 오게 될 수 있다. 물론 성분이 좋으면 여타 범죄로 기소가 돼도 형량이 가벼울 수 있고, 실제로 처벌받지 않고 풀려난 사례도 있다.

또 북한 정부가 '사회 정화' 증진에 혈안이 돼 있다 보니, 과감하게 스키니 진을 착용한 여성, 머리를 길게 기른 남성도 이곳으로 잡혀 온다. 정보원에 따르면, 수감자는 반나절은 강제 노동을 하고, 반나절은 선전 교육을 받는다. 국가의 의도는 이곳에서 수감자에게 이념을 재주입해 사회로 돌려보내는 것이다. 노동단련대는 규율이 엄한 데다 폭력도 흔하다. 하지만 보안은 상대적으로 경미한 편이다. 그래서 탈옥도 일어난다.

보다 중한 범죄로 선고받은 기결수는 '교육을 통한 개선'을 목표로 하는 교화소로 보내지고, 이곳에서 햇수로 정해진 형량만큼 살게 된다. 교화소는 인민보안부가 운영하는 비정치적 기관인데 실제로 이곳 재소자의 다수는 다른 나라에서라면 정치 사범으로 분류될 법한 사람들이다. 예컨대, 외국 DVD를 거래하다 잡힌 사람도 교화소로 보내질 수 있는데, 판매한 물건이 국가의 정보 통제를 전복하는 데 기여할 수 있다는 사실 때문이다.

교화소에서의 생활은 대단히 힘들다. 함경북도 전거리에 있는 제12호 교화소 수감자였던 사람의 증언으로는, 배식량이 생존에 필요한 수준에도 못 미칠 정도로 매우 적었다고 한다. 그렇다 보니 재소자들은 벌레든 쥐든 잡히는 대로 먹는다. 그곳에 있는 동안 남자들의 경우 체중이 30킬로그램까지 빠지는 것은 보통이다. 많은 재소자들이 굶어 죽는다. 재소자 수가 약 3,000∼4,000명(여성 1,000명 포함)에 이르는 교화소 12호도 이 점에서 예외가 아니다.

동시에 교화소 재소자는 강제노동에 시달린다. 제12호 교화소의 남성 재소자는 이곳 구리 광산에서 하루 14시간 노동에 처해질 수 있다. 착용할 수 있는 안전 장비라고는 없기 때문에 사고사와 심각한 부상이 흔히 발생한다. 이곳의 가구 공장에서도 사고는 빈번히 일어난다. 밤에 5시간밖에 잘 수 없는 데 따른 피곤함에다 노후 장비 문제까지 겹치면서 평균 며칠 간격으로 사망자가 발생한다.

교화소 재소자에게 유일한 위로라고 한다면 언젠가는 석방될 수 있다는 사실이다. 정치범수용소 재소자와 달리 교화소 재소자는 확정형을 선고받았기 때문에 형을 다 살고 난 후에는 얼마 되지는 않지만 시민으로서의 권리를 되찾게 된다. 이따금 최고 지도자에게 동정을 구하는 탄원서를 써서 사면이나 조기 석방을 얻어 내는 사람도 있다. 이때 탄원서는 조직지도부를 거쳐 올라가는데, 이따금씩 운이 좋은 사람은 그렇게 해서 자유를 얻기도 한다. 이것은 수용소 내 선전 담당 훈육관이 나눠주는 특별 용지에 써내는 방식으로 이뤄지는 것으로 보인다.[6] 또 재소자 친척 중에 뇌물을 건넬 돈이나 정치적 영향력이 있는 사람이 있으면 형기를 앞당겨 끝낼 수 있다.

정치범수용소는 어떻게 다른가

인민보안부 체계의 모든 심급에서는 야만적인 일이 벌어지는 게 다반사다. 생존 수준 이하의 배식과 고문, 구타는 어딜 가나 표준이다. 교화소 탈출을 시도했던 재소자에 대한 공개 처형은 다른 재소자에 의한 재발을 막기 위해 사용되는 효과적이고 일반적인 수단으로 간주된다. 구류장의 심문관은 용의자로부터 자백을 얻어 내려고 할 때에는 거의 모든 것을 자기 마음대로 할 수 있다. 감호원들도 내부 규율을 강제할 때 똑같은 면책권을 누린다. 아니면 그저 가학주의에 탐닉한다.

혹자는 다른 나라들도 야만적인 감옥을 운영하는 곳이 있다고 지적할 수 있다. 북한이 정말 다른 점은 정치범수용소의 운영 시스템에 있다. 정치범수용소 혹은 관리소는 야만성이 특징인 강제노동수용소라는 점에서 교화소와 유사하다. 하지만 앞으로 살펴보겠지만 그 야만성의 정도가 차원을 달리한다. 더구나 관리소 재소자들은 시민으로 취급되지 않을 뿐 아니라 언젠가는 풀려날 거라는 희망도 거의 가질 수 없다.[7]

아마도 가장 중요한 차이점은 처벌이 개인뿐 아니라 온 가족에게 내려질 수 있다는 점이다. 연좌제 원칙에 따라 가족 중 한 사람이 저지른 범죄 때문에 3대가 모두 관리소로 보내진다. 그 결과 이런 처분은 자연스럽게 정권 도전에 대한 엄청난 억제의 수단으로 기능한다. 예를 들어 김씨 가족을 비판하는 내용을 담은 익명의 전단을 배포한 사람이 있다면, 그 사람은 자신의 자녀와 형제, 미혼 자매, 부모와 함께 수용소로 보내진다. 아내는 그와 즉시 이혼하는 데 동의하면 형을 면할 수 있다. 결혼한 자매도 제외된다. 전통적으로 부계주의를 따르는 만큼 결혼한 여성은 집안 외부 사람으로 간주되기 때문이다.

여기서 다시 한번 북한의 봉건적 사고방식이 드러난다. 김일성-김정일-김정은이라는 3대 세습 체제는 과거 왕정 시대에서 유래한 것이다. 조선왕조 시대, 과거에 합격한 남자가 관직에 등용되면 3대에 걸쳐 토지가 주어졌다. 그와 유사하게 북한 범죄자와 정치범은 아들과 손자까지 국가로부터 차별을 받게 된다.[8]

정치범수용소 시스템은 또한 인민보안부가 운영하는 일반 범죄자 수용소와는 완전히 분리된다. 그곳은 또 다른 기관인 국가안전보위부가 운영한다. 국가안전보위부는 인민보안부보다 규모가 작은데, 두 기관의 직원은 합쳐서 약 5만 명에 이른다. 본질적으로 북한의 비밀경찰과도 같은 국가안전보위부는 감시 활동을 수행한다. 모바일 통신망인 고려링크와 해외 주재 북한 공무원에 대한 감시를 포함해서 정치적으로 미심쩍은 대상자들을 조사한다. 정치범수용소는 전적으로 국가안전보위부가 책임지는데 이곳은 사실상 사법 체계와 법원 영역 밖에 존재하는 것으로 보인다.

인민보안부와 국가안전보위부의 고위층은 서로 얼마간은 상호 적대적이다. 어느 한쪽을 편들면 다른 쪽을 등지는 게 된다.[9] 장성택은 처형되기 전까지 수년 동안 인민보안부를 지휘하며 주류 조직지도부 집단에 맞서 경쟁적 권력 기반을 이끌었는데, 국가안전보위부가 조직지도부 관할하에 있었다.[10] 장성택은 국가안전보위부 관리들에게는 다소 부드러운 인물로 간주됐다. 범법자에 대해 체제가 허용하는 한 관대한 접근법을 취할 의향이 있는 인물이었다. 한 소식통의 전언으로는, 인민보안부는 정치범 용의자들을 국가안전보위부에 넘기도록 돼 있지만 장성택 휘하의 인민보안부는 때때로 그냥 사람들을 방면할 의사가 있었다는 것이다. 이때 거의 틀림없이 뇌물이 오가긴 했을 것이다. 물론 이런 주장을 확증하기란 대단히 어렵다. 하지만 장성택에 대해 반복적으로 나도는 두 이야기, 즉 북한의 고위 관리치고는 상대적으로 인간적이었다는 것과 그가 돈의 유혹에 아주 취약했다는 것을 감안하면 개연성이 있어 보인다.

국가안전보위부의 감시 활동

모든 북한 사람은 생활 근거지에 관계된 '소조'에 속해 있다. 직업총동맹 소조, 청년연맹 소조, 농업근로자동맹 소조 같은 것이다. 동시에 거주지 동네 단위 소조인 인민반의 일원이기도 하다. 인민반은 보통 아파트 단지나 한 동네에 사는 약 20~40세대의 주민으로 구성된다. 대표자는 전형적으로 당국이 믿을 만하다고 보는, 성분 좋은 중년 여성이 맡는다. 인민반은 표면적으로 매주 1~2회 모임을 통해 자아비판 시간인 '정화' 시간을 갖고 국가 이데올로기를 전파하기 위해 존재하지만, 주민들이 거리 청소나 공공 구역 미화, 군부대 위문 음식 모으기 같은 근로 사업에 참여하는 통로 역할을 하기도 한다.

인민반을 포함한 이 모든 유형의 소조에는 또 다른 기능이 있다. 바로 감시다. 인민반 안에는 최소 한 명의 인민보안부 정보원과 국가안전보위부 정보원이 있기 마련이다. 국가안전보위부 정보원은 대개 낮은 성분의 사람이거나 국가안전보위부 관리들이 이용할 수 있는 또 다른 약점을 가진 사람이다. 이 중 일부는 돈을 주고 채용하지만 대부분은 공모를 강요받는 희생자들이다. 국가안전보위부 요원들은 그들을 데리고 가 심하게 구타함으로써 '범죄'를 자백하게 만든다. 그런 다음 정보원이 되는 대가로 그 범죄에 대한 처벌을 면하게 해준다.

인민반의 역할은 대기근 전만 해도 훨씬 더 중요했다. 인민반 대표는 주민 개인에 대해, 집에 숟가락과 젓가락이 몇 개 있는지까지 안다고들 했다. 이들은 지금도 여전히 어느 집이라도 마음대로 들어갈 수 있다. 열쇠 복사본을 갖고 있기 때문이다. 하지만 대기근 이후 뇌물 문화가 번성하고, 주민들도 자기 사업을 위해 전국으로 이동하게 되고, 국가에 대한 신뢰는 떨어지면서 인민반 정보원과 대표가 주민을 곤경에 빠뜨리는 능력과 경향은 이전보다 약해졌다.

하지만 위협은 여전히 존재한다. 경우에 따라서는 극도로 심각해질 수도 있다. 인민반이든 작업 소조든 아니면 다른 어떤 곳에서 누군가 당신에 대한 정보를 알려 주면 국가안전보위부는 당신을 조사하기로 결정할 수 있다. 퇴직한 국가안전보위부 요원과 개인적 접촉이 있는 소식통에 따르면, 국가안전보위부 관리들은 매주 회의를 열어 접수된 보고 내용을 토대로 조사 대상을 결정한다. 김씨 집안 통치에 대한 위협이 크다고 판단되면 후속 조치가 따를 가능성이 크다. 때로는 할당량을 채워야 하기 때문에 행동에 돌입하기도 한다. 마침 그때 국가안전보위부가 직무를 태만히 한다는 비판이 하달되거나 지도부가 최근에 단속을 지시했다고 하면 체포될 위험은 높아진다.

누군가 당신이 "김정은은 이 나라를 통치하기에는 너무 어리다"거나 "김정은의 어머니는 일본에서 태어났고, 그녀의 아버지는 일본 전쟁부에서 일했다"는 말을 했다고 신고하면, 국가안전보위부 관리들은 당신의 이력을 조사한다. 성분이 좋거나, 비슷한 발언을 한 전력이 없거나 요직에 종사하는 사람이라면 그 정보는 국가안전보위부가 기록으로만 보관하고 말 수도 있다. 그 기록은 비밀 조직지도부 파일에도 보관된다. 만약 당신의 남은 정치적 삶이 사고 없이 지나가면 국가안전보위부가 당신을 조사하고 있었다는 사실은 평생 모르고 살 수도 있다. 그렇지만 가령 5년 후, 당신의 절친한 친구 한 명이 한국으로 탈주하기로 결심한다면 국가안전보위부는 과거 고발장을 끄집어내 당신에게 불리하게 적용할 수 있다. 그런 경우 고발 내용이 진실인지 여부는 상관이 없다.

국가안전보위부가 일단 당신을 소환하면 인생은 영원히 바뀌고 만다. 그 시점에 이르면 당신은 사실상 어떤 반국가 활동을 한 정치범으로 확정이 된 것이다. 기적적으로, 힘 있는 사람이 개입된다거나 하는 일이 생기지 않는 한 당신은 약식 공개 재판에서 죄를 '자백'하게 되고, 정치범수용소로 보내진다. 그 후로는 다시 돌아오지 못할 가능성이 크다. 남아 있는 가장 중요한 질문은 가족도 따라갈 것이냐 말 것이냐 하는 것이다. 결정은 국가안전보위부가 내린다. 적정한 혹은 투명한 법적 절차라는 것은 없다.

돌아오지 못할 지점

국가안전보위부 요원들은 당신 집에 불쑥 나타나 당신을, 혹은 가족까지 데려갈 수 있다. 한 소식통은 재산도 함께 가져가서 보관한다고 했다. 이례적으로 행여 석방될 경우에는 재산을 그대로 돌려준다. 때로는 특정 날짜와 시점에 출두하라는 요구를 받기도 한다. 만약 출두하지 않으면 문제가 악화될 뿐이라는 사실에 대해서는 의심의 여지가 없다. 국가안전보위부로서는 출두를 요구하는 것이 공포를 유발하는 것 이상으로 이점을 발휘한다. 출두 시한 이전에 당신이 자살을 하면 국가안전보위부로서는 당신을 처리해야 하는 과정에 들여야 하는 노력과 금전적 비용을 아끼게 되는 것이다.

국가안전보위부의 심문소는 직사각형으로 배열돼 있는데, 가운데 복도를 사이에 두고 양쪽으로 감방이 줄지어 있는 형태다. 맨 끝에 조사실이 있다. 재소자들은 성별로 분리되어 감방 하나에 다섯 명 정도 씩 수용된다. 이곳 배식은 간신히 굶어 죽지 않을 수준이다. 많은 증언에 따르면, 씻는 것도 허용되지 않으며 조사 기간 내내 햇빛조차 볼 수 없다고 한다. 육체적 고문의 전형적인 수법은 한 자세로 여러 시간 계속해서 미동도 없이 소리도 내지 않은 채 앉아 있는 것이다. 이 두 가지 규칙 중 하나라도 어기면 심한 구타를 당한다.

심문 시간에는 주로 폭력과 폭력의 위협이 행해진다. 예를 들어 컴컴한 조사실로 끌려가 보면 국가안전보위부 요원 한 명이 앞에 서서 질문을 한다. 당신은 볼 수는 없지만 당신 뒤로 한 명은 왼편에 다른 한 명은 오른편에, 두 사람이 서 있다는 사실을 알 수 있다. 질문에 대한 당신의 대답이 만족스러우면 심문관은 다음 질문으로 넘어간다. 만약 당신이 거짓말을 한다고 생각되면 당신 뒤쪽의 한 사람에게 신호를 보낸다. 그러면 그 사람은 당신을 몽둥이로 때린다. 심문관이 바라는 대답을 할 때까지 질문은 계속된다.

때로 재소자가 너무 심하게 구타당한 나머지 부상으로 숨지기도 한다. 여기에 대해 사망자의 가족은 항의할 권리도 없다. 숨졌다는 소식조차 전달되지 않을 수도 있다. 구타 끝에 죽을 지경이 된 재소자를 집으로 돌려보내는 경우도 있다. 이때는 재소자가 차라리 다른 곳에서 사망하는 게 낫겠다는 당국의 태도를 반영한 것으로 해석된다. 그 재소자가 기사회생하는 경우, 충분히 벌을 받은 것으로 간주되기도 하지만 다시 불려가는 일도 있다.

심문의 목적은 기소된 사람을 박살 낸 다음 '법정'에 보내는 것이다. 이 법정이란 것도 사실상 국가안전보위부가 관장하는 청문회에 불과하다. 법정에서는 죄목이 열거되어 피고가 유죄를 인정하면 수용소로 보내진다. 만약 피고가 죄를 인정하지 않으면 다시 추가 심문이 진행된다. 심문 과정이 너무나 고통스럽다 보니 수감자는 '기소'될 시점에 이르러서는 그저 다 끝이 나고 선고가 시작되기를 바라는 심정이 된다.

죄를 선고받은 피고는 정치범수용소로 보내질 가능성이 가장 크다. 잠재적으로는 다시 교화소 재소자처럼 인민보안부 심급 체계로 환송될 가능성도 있다. 그럴 경우에는 상대적으로 운이 좋은 것으로 간주된다. 그런 결정이 내려지는 데 어떤 절차나 법리가 있어 보이지는 않는다. 국가안전보위부에 관한 한 모든 것은 자의적이다. 하지만 재소자는 여전히 판결에 대해 항소를 제기하거나 사면을 요청할 수 있다. 장성택이 특별군사재판에 회부된 이유 중 하나가 절차적으로 확정 판결이 난 이후 그에게 항소권을 주지 않기 위해서였다는 설이 있었다. 장성택의 정적들은 가능하면 신속하게 시야에서 사라지기를 바랐던 것이다.

정치범수용소의 시스템

북한의 정치범수용소 시스템의 시작은 1950년대 후반부까지 거슬러 올라갈 수 있다. 당시 스탈린으로부터 영감을 받은 김일성은 정적들을 억류하기 시작했다. 합쳐서 열 개 이상의 관리소가 있었지만 폐지와 병합을 거쳐 현재 운영 중인 곳은, 알려진 바로는 네 곳이다. 숫자가 줄었다는 사실 하나만으로 어떤 것을 추론해서는 안 된다. 수용소로 보내지는 사람 수가 줄었다는 뜻일 수도 있지만 다른 한편으로는 처형과 아사로 인해 수용 장소에 대한 수요가 줄었을 수도 있기 때문이다. 전체 수용소 인구가 최근 몇 년 사이 줄어든 건 확실하지만 수용소에 대해 특히 통계학적인 의미가 있는 정확한 정보를 얻기는 대단히 어렵다.

그중 최대 규모인 제15호 관리소, 요덕 수용소는 다른 곳과 달리 두 구역으로 나뉜다. 하나는 '혁명화구역'으로, 북한 정권이 잠재적으로 구제 가능하다고 보는 사람을 위한 곳이다. 이곳에 보내지는 사람들은 수용소의 악조건만 견뎌 낸다면 종국에 석방될 여지가 있다. 이들은 인민보안부 체계 내 재소자와 마찬가지로 이곳에서 선전과 이념 주입 교육을 받는다. 아동 재소자는 학교에 다닐 수도 있다. 혁명화 구역에는 다른 정치적 억류자의 친인척, 한국 라디오를 청취했거나 정부 정책을 비판한 죄를 범해 잡혀 온 사람들이 수용된다.

나머지는 '완전통제구역'에 수용되는데 이들에게는 석방의 여지가 없다. 이들은 북한 시민권자로 간주되지 않고, 선전 교육을 받을 '특권'조차 갖지 못한다. 외부 세계와의 접촉도 허용되지 않는다. 이들은 죽음밖에 기대할 것이 없으며, 다만 국가의 배려로 수용소에서 노동자로 여생을 보낼 수 있게 허락받은 것이라는 말을 듣는다. 나머지 수용소 세 곳은 전체가 완전통제구역으로 운영된다.

어떤 일을 하면 이런 처분을 받게 될까? 국가가 정말로 경멸하는 누군가에게 연루된 범죄 이외에 이런 처벌을 받게 될 가능성이 높은 범행 몇 가지가 있다. 첫 번째는 김씨 일가의 동상과 기념물을 모독하는 행위다. 이런 행동은 정권에 맞서 봉기가 일어날지 모른다는 두려움을 촉발하기 때문이다. 반정부 문서를 유포하는 행위도 비슷하게 취급된다. 김정일은 개인적으로 '신'으로 묘사되는 것을 싫어했고, 그 누구에게도 솔직한 의견을 듣지 못한 것을 한탄했지만, 체제 전체가 자신의 신격화에 의존하고 있다는 사실도 알았다.

당연히, 완전통제구역에는 반정부 분파의 일원으로 유죄를 선고받고 온 사람도 많이 있다. 이들 중 다수는 단순한 분파 내부 다툼 과정에서 체포된 사람들이다. 장성택의 옛 라인 소속원이 그런 경우다. 어떤 개인이 진짜로 정권에 맞서 모의를 했는지가 꼭 중요한 것은 아니다. 그보다는 그런 사람들에게 본때를 보여 줌으로써 다른 사람이 그런 생각조차 할 수 없게 만든다.

다른 유형의 범죄는 경제 범죄다. 즉, 국가 자원을 훔치는 것이다. 북한 정권은 그런 절도를 정치적 행동으로 간주한다. 대기근이 있고 난 후로 국가 자원을 훔치는 일은 극도로 흔한 일이 됐다. 국영 공장에서 구리관을 벗겨 가져가기도 하고, 북한 탄광에서 나온 석탄을 통째로 중국에 팔아넘긴 일도 있다. 전자는 너무나 흔한 경우고, 후자는 국가로서도 재정 수입이 창출되는 일이기 때문에 처벌받게 될 가능성은 작다. 하지만 이런 일로 유죄 판결을 받은 사람에게는 처벌이 아주 혹독할 수 있다.

재소자들은 50평방미터 넓이의 더러운 간이 숙소 한 방을 30~40명과 함께 쓴다. 여기서도 배식은 굶어 죽지 않을 만큼만, 하루 세 번 옥수수죽을 100~200그램씩 나눠 받는 정도로 이뤄진다.[11] 순응을 강제하기 위해 배식을 중단하는 일도 있다. 표준적인 처벌로는 강제로 물을 삼키게 하거나 '비둘기 자세'로 견디게 하는 고문 수법이 있고, 조금이라도 규정을 위반한 사람에게는 극심한 구타를 가한다. 간수에 의한 강간과 성희롱은 공식적으로 금지된 것처럼 보이지만 규정과 상관없이 공공연히 일어난다. 어떤 경우라도 희생자는 불만을 제기할 방법이 없다. 도둑질이나 탈주 모의 용의자는 다른 재소자 앞에서 처형될 수 있다.

권리라고는 아무것도 없는 상황에서, 관리소 재소자의 운명은 전적으로 포획자 재량에 좌우된다. 어떤 관리소 간수는 간혹 수감자에 대해 동정심을 갖기도 한다. 하지만 한 취재원에 따르면, 그런 가능성을 최소화하기 위해 국가안전보위부는 일부러 '사이코'를 선발한다. 또한 수용소 관리자는 국가안전보위부 조직 내에서 어떤 식으로든 실패를 겪고[12] 그에 대한 벌로 관리자가 된 경우가 많다. 그 결과 관리소 내에는 위에서부터 잔혹한 분풀이 문화가 조성된다.

유배

관리소 재소자들은 생계 수준 이하의 배식과 끔찍한 생활 여건에 대한 대가로 깨어 있는 시간 대부분을 관내 탄광과 공장, 농장에서 일하며 보낸다. 그런데도 북한은 수용소 시스템을 유지하는 데 비용이 많이 든다고 여기는 것처럼 보인다. 그 결과 옛날 역적을 처리할 때 쓰던 수법대로 외딴 시골로 유배를 보내는 빈도가 높아졌다.

유배 시스템은 아주 단순하다. 국가의 역적을 산악 지대로 보내 아무것도 없이 내버려 둔다. 언젠가 그곳에서 굶어 죽기를 기대하는 것이다. 추측해 보건대 허가증이 없는 사람이니 도시나 마을로 움직였다가 잡히면 혹독한 처벌을 받게 된다. 북한에는 무인도도 많다. 그중 어느 한 곳이 유배지가 되기도 한다.

때로는 고위 관료가 쓸모없어져 '황금 철창' 처분을 받기도 한다. 한때 평양방어사령부를 지휘한 대단한 군 실세였던 리영호는 김정은이 권력을 승계한 이후 좌천됐다. 국영 매체는 그의 퇴역이 건강 악화 때문이라고 발표했고, 그를 국가의 위대한 종복이라고 칭송했다. 그에게는 시골의 호화 가옥이 주어졌다. 하지만 리영호는 그 집에서 떠날 수 없었다. 평양에 형성돼 있는 오랜 네트워크와 중심 권력에서 멀어지자 그의 영향력은 점차 약화됐다. 북한 정권으로서는 리영호를 처벌하기보다 퇴역시키는 방법으로, 국가 영웅의 귀중한 모양새는 유지한 채, 그를 가택연금하에 둠으로써 힘을 무력화할 수 있었던 것이다.

주석

1 유엔인권이사회(UNHRC)가 2014년 2월에 펴낸 북한인권조사위원회 보고서에 관련 증언이 가장 포괄적으로, 가장 최근 것까지 수집돼 있다.

2 한 소식통에 따르면, 장성택은 인민보안부 부장으로서 자신의 능력을 식량 생산 회복을 위한 노력에 집중하고 있었다.

3 잡지 『림진강』을 발행하는 곳이다.

4 더 가혹한 처벌에 처해질 수도 있다.

5 국가안전보위부의 심문 시설 역시 구류장으로 불릴 수 있다.

6 특이하게도, 김정일은 가끔씩 감동적인 편지를 작성한 재소자에게 금시계를 보냈다. 그러나 풀어 주지는 않았다.

7 제15호 관리소인 요덕 수용소의 '혁명화구역'에 수용된 재소자는 예외다. 이곳에서 살아남으면 결국에는 풀려날 수도 있다.

8 북한은 조선 시대를 봉건적이고 후진적이라는 이유로 배격하면서 자국을 지칭하는 말로 '조선'이라는 단어를 사용한다. 게다가 조선왕조와 같이 군주제다.

9 예컨대, 중국-북한 국경 감시 활동의 통제는 두 조직 간의 오랜 다툼거리였다. 국경은 현재 국가안전보위부의 관할 사안이다. 그리고 김정은 시대에 와서는 경계가 삼엄해졌다. 뇌물을 주고 북한에서 누구를 데려온다거나 단순히 국경을 뛰어넘는 게 이제 훨씬 어려워졌다.

10 그렇지만 국가안전보위부는 2010년 조직지도부 제1부부장 리제강의 사망 후에 잠시 장성택의 행정부 영향력 아래로 들어갔던 것으로 보인다. 행정부는 원래 조직지도부의 일부였지만 2007년 김정일이 조직지도부를 견제할 수단으로 따로 분리해 장성택에게 넘겨줬다. 이제 장성택이 사라졌으니 조직지도부로서는 모든 것이 원상 복귀된 것으로 추정할 수 있다.

11 그렇지만 비극적이게도 관리소 재소자가 북한의 일부 주민보다는 더 잘 먹는 게 사실이다.

12 해외에서 북한 외교관의 사업 활동을 감시하는 임무를 제대로 하지 못한 국가안전보위
부 요원이 그런 경우다. 해외로 파견돼 여행도 하고 돈도 벌며 지내다가 본국으로 호출
당해 범죄인 수용소를 관리하는 자리로 가게 되면 쓴맛이 날 것이다. 그리고 앞으로 다
시는 '괜찮은' 일자리를 얻지 못할 것임을 알게 된다.

5장

옷, 패션, 유행

North Korea Confidential

05

"우리의 머리를 사회주의 생활 방식에 맞춰 자릅시다." 북한 조선 중앙TV가 2004년에 처음 방영한 연속극 5부작에는 이런 권장 사항이 나온다. 이 연속극은 머리가 길면 지적 수행 능력이 떨어진다는 의심스러운 주장을 펴고, 머리를 귀 밑까지 길게 기른 남자를 불러 창피까지 주었다. 마찬가지로, 오랫동안 북한에서는 관습에서 벗어난 옷차림을 하는 사람은 처벌을 받거나 공개적인 망신을 당해 왔다. 특히 다른 어떤 의류보다 미국을 상징하는 청바지는 금지된다. 청바지를 착용한 사람은 노동단련대로 보내질 수 있다.

남녀는 모두 공인된 헤어스타일들이 있어서 이 중에서 선택해야 한다. 의복 또한 보수적이다. 탈북 여성은 중국과 한국 여성이 맨살을 드러내며 밝은 색상 옷을 입은 모습에 놀라움을 표시한다. 하지만 북한 사람도 해외 매체를 접하고, 자본주의에 대한 태도도 바뀌면서 요즘은 사회주의 방식으로 꾸미는 데 별 관심 없는 사람이 많다. 북한에도 옷차림과 머리, 화장, 미의 기준, 성형수술에 걸쳐 흥미로운 트렌드가 생겨나고 있다. 이런 움직임을 사소하게 여기는 사람이 있다면 다시 생각할 필요가 있다. 이런 트렌드야말로 북한 당국에 대한 주민들의 감정을 바꿔놓고 있을 뿐만 아니라, 일부 사람에게는 탈북까지 부추기고 있기 때문이다.

의류 범죄와 패션 경찰

주민들의 외관에 대해 북한 정부는 어떻게 생각할까? 북한에는 몇 가지 복식 규정이 있다. 많은 남성, 특히 공직을 지망하는 사람은 북한에서 '양복'으로 알려진 '인민복(Mao suits)'을 입는다. 한국에서 양복은 문자 그대로 '서양 의복'을 뜻하고, 보통 슈트를 지칭하는데, 북한에서 서양이라고 하면 확실히 소련식이라는 의미를 내포한다. 그러니까 북한 양복은 스탈린이 처음 유행시키고 마오쩌둥이나 김일성이 변형시켜 입은, 목깃을 높이 세우고 단추도 끝까지 채운 짙은 회색이나 검정색 혹은 푸른색의 슈트를 뜻한다. 재킷과 바지 한 벌이 공식 시장에서는 약 20달러에 팔린다. 장마당에서는 아마 그보다 훨씬 쌀 것이다.

원래 다른 목적으로 재단된 중국제 천으로 만들어진 양복도 많아 재킷 안쪽에 짝퉁 프라다나 루이비통 상표가 적힌 것을 보게 되는 일이 흔하다. 다른 나라의 비즈니스맨들이 입는 보다 '서구적인' 슈트와 마찬가지로, 북한 양복에도 입는 사람이 지켜야 할 의류 에티켓이 따라 나온다. 개 목걸이와 흡사한 흰색 부착물을 별도로 파는데, 이것을 바깥쪽 깃 안에 착용해서 이 흰색 소재가 목 주변으로 몇 밀리미터 정도 보이도록 디자인돼 있다. 보다 보수적인 북한 사회 구성원들이 볼 때 이런 에티켓을 지키지 않는 사람은 사회적인 죄를 저지르는 것이 된다.

양복을 입지 않는 사람에게도 옷차림은 보수적이고 눈에 띄지 않아야 한다는 불문율이 작용한다. 비단 공산주의적 통일성의 문제만은 아니다. '모난 돌이 정 맞는다'는 속담은 사회 일탈자들에 대한 한국인들의 전통적인 태도를 요약하는 표현이다. 이것은 휴전선의 남쪽이나 북쪽이나 마찬가지다. 오늘날 한국 사람들은 빠르게 바뀌고 있기는 하다. 그래서 어딜 가나 밝은 색상의 옷을 볼 수 있다. 그럼에도 불구하고 대체로 패션이나 삶의 방식에서 평지풍파를 일으키는 사람은 드물다. 오늘날 한국의 많은 젊은이들은 한국 사회에 단단히 자리 잡은 순응주의에 대해 불만을 토로한다.[1] 북한 당국은 (독재 이후 시기의 한국과는 달리) 고의로 주민들을 다른 대안들로부터 고립시키고, 호사스러운 패션은 처벌하는 방식으로 이러한 전통적인 순응주의 성향을 한층 강화했을 뿐이다.

그 결과 북한의 일상적인 옷차림을 보면 푸른색과 검정색 옷이 많다. 여성들에게는 가급적 섹시하지 않은 옷차림으로 나타난다. 여성성을 강조하기보다 숨기는 한국의 전통 의복인 한복은 수수하고 한국적이라는 이유에서 북한 당국의 높은 지지를 받는다. 여성은 국경일이나 다른 특별한 날이면 한복을 입도록 돼 있다. 반면에 짧은 치마와 높은 굽, 목둘레가 깊게 파인 드레스, 몸에 딱 붙는 의류를 보면 눈살을 찌푸린다. 실제로 밝은 색상이거나 섹시한 복장은 정부에 의해 반항의 형식으로까지 해석될 수 있다. 탈북자들의 설명에 따르면, 심지어 2010년까지는 소박한 단추형 귀걸이까지 금지됐다. 북한에는 인민보안부와 청년동맹 소속의 열성적인 젊은 학생들이 운영하는 명실상부한 패션 경찰까지 있어서 시민들의 복장 위반이나 의복 범죄를 감시한다.

이런 패션 경찰은 헤어스타일도 단속한다. 어떤 식으로든 머리가 긴(귀를 덮는 정도라고 해도) 남성은 처벌받을 수 있고, 죄질이 특히 나쁘다면 노동수용소에 보내질 수 있다. 경미한 위반자라면 자아비판 시간에 회부될 수 있다. 아니면 최소한 강제로 머리를 자르게 한다.[2]

여성들의 경우 그보다는 훨씬 폭넓게 허용이 된다. 파마나 땋기는 흔하다. 하지만 염색은 아마 용납되지 않을 것이다. 어떤 이들은 머리를 갈색으로 물들인 채 지내면서 자연색이라고 주장한다. 하지만 염색임이 분명한 경우에는 몇 개월짜리 노동단련대 수감형에 처해질 수 있다.

멋진 신세계

요즘 들어서는 규범을 깨는 사람도 많다. 북한에도 많은 사회 변화가 일어나는 것을 보면 1990년대 중반 대기근이 전환점이었음을 알 수 있다. 공공 배급제가 붕괴되면서 사람들은 보다 독립적이 되었고 정부의 통치를 무시하는 경향을 보이게 됐다. 한 소식통은 1998년, 자기 고향에 사는 사람의 옷차림이 '다양해졌다'고 말했다. 더구나 2009년 화폐개혁으로 이런 변화는 한층 강화됐고 대중은 국가의 규칙과 규율에서 더욱 멀어지게 됐다.

2011년 12월에 일어난 김정일의 사망 사건 또한 중대한 영향을 끼쳤다. 김정일의 이미지에서 핵심적인 부분이 된—국제적으로는 숱한 조롱거리가 된—녹색 점퍼와 바지는 북한 주민들 사이에서, 특히 자신에게 힘이 있다는 인상을 주고 싶은 남성들 사이에서 인기가 있었다. 하지만 오늘날에는 구식 패션으로 간주된다. 권력을 계승한 김정은의 옷 입는 스타일도 인기가 없다. 하지만 김정은이 이렇게 입는 데는 다른 이유가 있다. 사람들에게 할아버지 김일성을 연상시키려는 것이다.

김정은의 아내 리설주는 일종의 유행 선도자다. 리설주의 스타일은 평양의 신흥 부유층 여성의 전형이면서 지나치게 현란하지는 않은 수준이다. 흥미롭게도 리설주는 가끔씩 공식 행사에서 김일성 배지를 달아야 할 자리에 브로치를 단다. 또한 바지 정장을 입고, 심지어 하이힐도 신는다. 하이힐은 북한에서 최근까지도 문란하다는 이미지를 주었지만 이제는 여성성을 나타낸다. 리설주는 최고 지도자의 부인인 데다 북한 주민들 사이에서 꽤 인기가 있기 때문에 의상에 관한 한 젊은 여성들에게 새로운 모델이 되고 있다. 모란봉악단 역시 비슷하다. 김정은이 직접 창단한 것으로 알려진 악단의 단원이 짧은 치마를 입는다는 건 주민들도 옷차림에서 덜 보수적이어도 된다는, 사실상의 청신호에 해당하기 때문이다.

따라서 북한의 규정은 밝은 색 옷과 청바지, 염색 머리, 짧은 치마를 금지하지만 최고 지도자 자신은 그다지 크게 신경 쓰는 것 같지 않다. 청년동맹은 아직도 신경을 쓰지만, 인맥이나 뇌물로도 그들의 생각을 바꿔 놓지 못할 정도까지는 아니다. 2008년 10월에 고향 회령을 떠나온 20대 여성은 언젠가 검정색 진을 입고 길을 가다가 청년동맹 회원에게 잡힌 적이 있다고 말한다. 청년동맹 회원은 그녀를 데려가 아홉 시간 동안 장광설을 늘어놓다가 그녀의 어머니가 나타나자 풀어 줬다. 어머니가 고위 관리를 많이 안 덕에 문제가 일단락된 것이다. 많은 사람이 외화를 줬더라도 비슷한 효과가 있었을 거라고 말한다.

물론, 지위를 이용하거나 뇌물을 써도 문제를 해결할 수 없는 사람도 있다. 그런 경우 복장 규정 위반자는 노동수용소로 보내질 수 있다. 기간은 한두 달에서 1년까지 다양하다. 따라서 과감하게 입는 사람의 비율이 부자나 엘리트 집안에서 월등히 높게 나오는 것은 하등 놀라울 게 없다. 북한 사회는 무엇보다 현금과 연줄에 의해 통치되기 때문이다.

규범 위반의 동기가 전적으로 내부에서만 나오는 건 아니다. USB 메모리스틱과 DVD 시대가 도래하면서 많은 사람이 한국의 패션을 보게 되었고 그게 자기네보다 훨씬 낫다는 결론에 이르게 된 것이다. 이 중 상당 부분은 유명인에게 끌린 결과다. 실제로 김태희가 신은 신발의 짝퉁 제품이 평양 백화점에서 120달러에 팔렸다. 김태희는 북한 한류 마니아에게 한국 대표 미녀로 알려져 있다. 돈이 있는 사람이라면 그 스타일을 모방하기 위해 얼마든지 돈을 쓸 용의가 있는 것이다. 원빈 또한 북한에서 인기가 높아 남성 패션 추종자들은 그의 헤어스타일과 입고 있는 옷에 높은 관심을 쏟는다.

패션 수도 청진

함경북도 청진시는 바버라 데믹의 저서 『아무것도 부럽지 않아(Nothing to Envy)』에서 대기근 시절 비극의 배경으로 너무나 생생하게 묘사된 곳이다. 하지만 지금은 사뭇 다른 평판을 쌓아 가고 있다. 청진은 평양의 강력한 이념적 영향에서 멀리 떨어져 있는 대단위 산업 도시다. 여전히 국가에 확고히 장악돼 있지만 요즘 많은 북한 사람 사이에서는 패션의 도시로 자리 잡았다. 자본주의가 움트기 시작하면서 교역 허브로서의 중요성을 갖게 됐기 때문이다. 그 결과 청진은 해외 패션이 북한에서 가장 먼저 상륙하는 곳이 됐다.

심지어 평양 시민도 스타일로는 청진 사람을 따라가지 못한다. 평양이야말로 오랜 권력과 새로운 부가 집결된 곳임을 감안할 때 이런 사실은 놀랍게 느껴진다. 하지만 수도인 평양에서는 보안이 훨씬 더 엄하고 순응주의가 훨씬 더 엄격하게 강요된다. 그래서 젊은 평양 여성 같으면 집에서만 입을 수 있는 옷을 다른 지방에서는 길에서도 입고 다니는 게 허용될 수 있다.[3] 북한에서 평양만큼은 체제 충성파의 도시로 기대되는 곳이다. 김정일은 자기가 평양에 대한 확고한 장악력을 유지하는 한 이 정권은 살아남을 수 있다고 언젠가 말한 적이 있다고 한다. 그는 지방에 대해서는 관심이 적었다. 이런 점은 정부의 혜택을 분배할 때나 법을 시행하는 데도 반영이 된다.

평양은 북한 전역에서 국가가 공공질서를 완전히 통제하는 유일한 지역이다.[4] 정부는 여전히 심각한 반대 조짐이 보이는 곳마다 강력히 단속하고 있지만, 각 지방 사람까지 모든 규율과 통제에 따르도록 강제할 만큼의 자원과 신망은 갖고 있지 못하다. 특히 청진의 행정 관리들은 공공질서에 대해 상대적으로 유화적인 태도를 취하는 것으로 이해된다. 더욱이 청진은 접경 지역이고 무역도시다. 이런 요인들이 합쳐지면서 청진은 북한 도시들 중에서는 가장 '와일드 웨스트(wild west, 미 건국 초기 개척시대의 무법지였던 서부를 가리키는 말-역자 주)'에 가깝다.

청진의 교역상은 종종 일본에서 배로 100킬로그램의 의류 화물을 받는다. 당국은 눈살을 찌푸리지만 청진 지방 공무원에게 뇌물만 건네면 눈을 감아 준다. 화물 포장 안의 내용물은 개봉하기 전까지 알 수 없다. 게다가 예방 조치로 각 상품의 원산지를 알려 주는 표지마저 제거돼 있다. 안에 담긴 재킷이며 청바지, 치마 등이 일본 소비자는 더 이상 원하지 않아 버린 것이긴 해도, 북한 혹은 중국에서 제작된 것보다는 품질이나 스타일이 훨씬 좋다.

그렇다 보니 청진의 젊은 여성 눈에는, 심지어 리설주의 스타일도 특별히 인상 깊지 않다. 청진 출신의 한 젊은 여성 탈북자는 리설주가 김정은과 함께 대중 앞에 모습을 보였을 때 입어서 유명해진 녹색 드레스에 대해서는 칭찬했지만, 붉은색과 검정색의 체크무늬 옷에 대해서는 "특별한 게 하나도 없다"고 했다. 리설주의 헤어스타일에 대해서는 "좀 촌스럽다"고도 했다. 이 여성은 리설주도 북한의 다른 여성이 감히 입지 못할 옷은 결코 입지 않는다고 평했다. 반면 평양의 어떤 취재원은 리설주를 '규범 파괴자'라고 불렀다. 이것만 봐도 두 도시의 차이를 알 수 있다.

북한에는 독자적으로 개발한 비닐론이라는 이름의 직물이 있는데,

정부가 북한의 혁신 사례로 종종 언급하는 선전물이다. 하지만 불행히도 비닐론은 시원하지 않은 것은 말할 것도 없고 촉감이 편하지 않다. 젊은 북한 사람에게 북한산 물건은 사실상 아무것도 달갑지 않다. 일본은 미국과 나란히 주적 국가로 올라 있지만, 일본에서 만든 제품은 갖고 싶어 한다. 그래서 청진을 통해 들여오는 일본산 의류는 북한 전역에 퍼지기는 하지만 청진 지역 주민들이 가장 먼저 차지한다.

그렇다면 청진 사람들은 요즘 어떤 옷을 즐겨 입을까? 트렌드에 관심 있는 사람들에게 청진은 북한에서 처음으로 스키니 진이 인기를 끈 곳으로 알려져 있다. 2010년에 북한을 떠난 한 탈북자는 북한에서 스키니 진이나 몸매를 드러내는 옷은 어떤 것이든 금지돼 있지만, 자기도 그렇고 다른 많은 여성이 '다리가 가늘고 예쁘게 보이도록 하기 위해' 끝단이 나팔 모양인 스키니 진을 입었다고 했다. 이런 식으로 맵시를 과시하는 것이 북한 젊은 여성에게는 신선하고 해방감을 주는 체험으로 여겨진다.

하지만 청진에서도 청바지는 금도를 벗어난 것으로 생각한다. 젊은 사람들은 외국 영화를 보면서 자신들이 좋아하는 남녀 배우가 청바지를 입은 모습을 본다. 하지만 '청바지는 너무 이국적으로 보이기 때문에' 청년동맹 간부가 예외적으로 단속하려 들 가능성이 크다. 그래서 사람들은 그보다 눈에 덜 띄는 검정색 진이나 나팔형 진을 입고, 긴 코트를 같이 입는다. 그것도 날이 어두워진 후 입는 게 보다 현명한 방법이다. 그래도 백주 대낮에도 위험을 무릅쓰고 입고 다닐 정도로 용감한 사람들도 있긴 하다. 어둠을 틈타 색다른 패션들이 출현하기도 한

한국산 짝퉁 물건

북한에서 패션 의류가 전부 수입품인 건 아니다. 상당수가 국내에서 제작되는데, 시장 수요에 맞춰 재봉사와 수선공이 만들어 공급한다. 이들이 생산하는 것 대부분은 싸구려다. 하지만 몇몇 고도로 숙련된 장인은, 가령 버버리의 유명한 바바리코트와 사실상 똑같은 복제품을 만들 수 있다. 이런 물건은 결국 신흥 부자 엘리트 가족에게 300달러 정도에 팔린다.

한국 사람들은 중국이 디자이너 브랜드 복제품의 세계 최대 생산국이라고는 해도 품질은 국산 짝퉁이 최고라고들 흔히 말한다. 그 결과 중국 관광객은 서울 명동 상가에 와서 짝퉁 루이비통 가방이며 구치 벨트, 그밖에도 다른 짝퉁 명품을 대량으로 쓸어 담아 간다. 북한도 비슷하다. 중국 상인들은 남포시의 강선 구역에서 생산된 복제품의 우수한 품질에 놀라움을 표시한다고 전해진다. 남포는 평양에서 흘러나온 대동강 하구의 도시다.

강선은 북한에서 짝퉁의 중심지다. 여기서 유명 브랜드를 본뜬 10달러짜리 맞춤 드레스셔츠와 그보다 몇 달러 비싼 바지가 만들어진다. 이곳 재봉사들은 중국과 일본에서 생산된 의류 품목을 구해서 어떻게 복제할지를 생각해 낸다. 이들의 최종 생산품은 부유층 젊은이들, 예컨대 김일성대 같은 엘리트 교육기관 학생 사이에서 인기가 높다.

강선의 일부 재봉사들은 평양의 부유층 여성의 주문을 토대로 리설주가 입었던 옷의 복제품도 제작하는 듯하다. 하지만 전반적으로는 한류 세계화의 일부에 해당되는 얘기다. 그러니까 중국산 옷감을 가져와 한국 유명인의 디자이너 의류를 복제하는 것이다. 한국과 미국 영화 속에 나오는 란제리까지를 포함한다. 한국의 드라마나 영화가 북한 암시장에서 히트를 치면 재봉사들은 거기 출연한 스타가 입은 옷을 복제하는 방법을 고안하기 위해 작업을 시작한다. 이 작업을 발 빠르게 해낼 수 있는 사람은 남부럽잖은 삶을 살 수 있다.

북한 사람이 한국 사람을 멋있어 하고 따라 하고자 하는 모습은 상식적으로 반정부 행위로 여겨진다. 하지만 북한 사람도 한국 사람이 키도 크고 잘생겼으며, 자기네보다 훨씬 더 나은 수준의 생활을 한다는 사실을 안다. 텔레비전에 나오는 논평가들은 북한이 개방을 하게 되면 북한 사람이 한국의 우월한 삶의 질에 대해 '알아 버리게' 될 것이기 때문에 북한 정부로서는 경제개혁을 결코 추구할 수 없다고 말하는데, 북한 사람들은 이미 알고 있는 것이다. 그렇다고 해서 그게 바로 북한 주민의 정권 전복 의지로 연결되는 건 아니다. 여전히 대부분의 북한 사람은 정권 전복까지는 생각하지 않는다. 다만 모든 사람이 더 나은 질의 삶을 누릴 수 있도록 정부가 경제개혁과 개방을 추구하기를 바란다.

다. 청진과 다른 도시에서는 짧은 치마에 검정 스타킹이 인기다. 특히 저녁에 남자 친구를 만나러 가는 젊은 여성들 사이에서 인기가 높다.

미용 상품과 시술

북한 사람들은 장마당에서는 고양이 뿔만 아니면 무엇이든 살 수 있다는 말을 즐겨 한다. 장마당에서 살 수 없는 물건은 세상 어디에도 없다는 뜻이다. 캔 콜라, 한국 DVD, 미국 영화 그리고 가내 양조 술 등을 파는 장마당에서는 여성용 메이크업 화장품도 인기가 높다. 평양 장마당에서 장을 보는 부유층 여성에게 메이크업이라고 하면 아이섀도와 마스카라를 비롯해 현대 여성이 아름답게 가꾸고 싶을 때 필요한 모든 것을 뜻하지만, 중산층 여성에게는 한 가지만 있으면 모든 것이 해결된다. 바로 BB크림이다.

'피부 잡티 제거 연고'라는 뜻의 영어명 '블레미시 밤(Blemish Balm)'의 약자를 딴 이름의 BB크림은 독일에서 발명됐지만 한국에서 인기를 얻었다. 1980년대부터 여성들은 잡티를 가리고 피부를 부드럽고 매끈해 보이도록 BB크림을 사용했다. 이후 세계 전역에서 약간의 비용과 노력만으로 거의 풀 메이크업을 한 만큼의 효과를 내는 '기적의' 상품으로 관심을 끌어왔다. 소비할 수 있는 소득이 많지 않으면서 힘들여 일해야 하는 북한의 도시 여성에게 BB크림은 신의 선물이었다. 미모에 신경 쓰는 북한 여성들은 과거에 머릿기름과 분을 섞어 만든 열악한 상태의 가내 생산 크림을 즐겨 썼지만 이제 그 자리는 BB크림이 대신하고 있다.

장마당에서 파는 다른 모든 상품과 마찬가지로, BB크림도 중국에서 수입된다. 중국에서 생산되는 것도 있지만 수요가 가장 높은 것은 한국산 제품이다. 한국 제품은 높은 가격에도 불구하고 인기가 있다. 이제 BB크림은 평양에서 가정 상비품이 됐고 다른 도시에서도 그렇게 돼가고 있다. 그렇지만 예상할 수 있는 것처럼, 지방에는 이 화장품을 쓰는 사람이 드물다. 평균적인 시골 여성에게 삶이란 여전히 농사

일과 가족 식사 준비 위주로 돌아간다. 세계의 가난한 나라들과 사정이 별로 다를 게 없다.

한국은 BB크림보다 오히려 더 극단적인 형태의 미용 시술로 유명하다. 고품질에다 경쟁력 있는 가격의 성형수술은 한국의 21세기 성장 산업 중 하나다. 국내는 물론 중국과 일본, 더 먼 나라에서도 많은 여성이 턱선 재건 수술을 비롯해 가슴 확대술, 지방흡입술, 쌍꺼풀 수술, 보톡스 주입 시술을 받기 위해 서울로 몰려간다. 성형수술은 오늘날 한국 젊은 여성들 사이에서 그다지 특별한 일은 아닌 것이 됐다. 이런 트렌드를 만들어 낸 것은 허영이라기보다 경쟁이다. 한국은 경쟁이 치열한 사회다. 이곳 사람들이 성적이나 직장, 사회적 지위를 나타내는 상징, 외모를 두고 경쟁하는 것을 보면 평균적인 서양 사람들이 상상할 수 있는 정도를 훨씬 넘어선다. 한국 사람들의 경쟁에 대해서는 탈북자들도 와서 보고 놀란다. 이제 성형수술 열풍은 북쪽으로도 확산되고 있다.

패션과 마찬가지로 추동력은 한국 TV와 영화다. 한국의 남녀 배우들의 외모는 아주 매력적인 것으로 여겨진다. 그 이유 중의 상당 부분은 배우들 대부분이 받은 성형수술과 보톡스 시술이다. 그렇지만 수술 비용도 부족하거니와 북한에는 수술법을 아는 의료진도 부족하다. 북한에서 유일하게 흔히 시술되는 것으로는 쌍꺼풀 수술이 있을 뿐이다.

동아시아 사람들은 공통적으로 쌍꺼풀이 있는 큰 눈이 매력적이라고 생각한다. 쌍꺼풀을 타고 나는 사람도 있지만 대부분은 그렇지 않다. 쌍꺼풀이 없는 사람은 피부판안검(眼瞼) 성형술이라는 간단한 외과 시술로 쉽게 '교정'할 수 있다. 아주 약간의 의료 기술만 있으면 되는 데다 10분 안에 마칠 수 있다.[5] 북한에서 부자들은 진짜 외과의사에게 돈을 주고 쌍꺼풀 수술을 제대로 받을 수 있다. 하지만 대부분의 북한 사람들은 쌍꺼풀 수술을 '뒷골목' 방식으로 받는다. 그런 경우에 시술비는 2달러밖에 들지 않고 자기 집에서 시술을 받는다. 마취제도 필요 없다. 시술자가 심지어 의사도 아닌 경우도 많다. 사실상 누구라도 눈꺼풀에 주름을 잡는 법을 배워서 시술업을 시작하는 것이 가능하다. 시술을 잘하는 사람은 입소문을 타면서 돈도 잘 벌 수 있다.

모든 유형의 성형수술과 마찬가지로 쌍꺼풀 수술도 북한에서는 불법이다. 하지만 쌍꺼풀 수술이 전 사회계층에 걸쳐 젊은 도시 여성 사이에서 흔해지다 보니 당국도 적극적인 단속에 나설 수 없는 모습이다. 쌍꺼풀이라는 게 태어날 때부터 있는 사람도 있다 보니, 어느 누가 수술을 받았는지 입증하기도 어렵다. 잡히더라도 친구나 친척이 자연산 쌍꺼풀이라고 진술하면 그만이다. 죄가 확증된다 해도 이 역시 뇌물로 해결된다.

눈썹이나 입술에 문신(타투)을 하는 여성도 많다. 이런 시술은 쌍꺼풀 수술보다 돈이 훨씬 적게 든다. 그리고 이제는 아주 소수이기는 하지만 코 수술을 받는 사람도 생겼다. 물론 주로 평양에서, 그리고 아주 부유한 계층에 해당되는 얘기다. 코 수술은 특히 연기나 노래에 야심이 있는 젊은 여성 사이에서 인기가 높다고 한다. 한국에서는 미용 수술 트렌드가 부유한 엘리트 계층에서 시작됐고, 북한 경제는 밑에서부터 심각한 변화가 진행되고 있다는 사실을 감안하면, 북한에서의 성형수술 선택 폭과 이용 가능성은 앞으로 몇 년 사이에 더 커질 것으로 보인다.

지극히 정상인 청년들

해외 미디어는 북한 사람을 주체성이라고는 없는 사람으로 묘사하는 경향이 있다. 이때 북한 주민들은 그저 국가 선전물의 맹목적인 추종자, 무기력한 희생자로 그려진다. 지나치게 단순화된 만화 캐릭터 같은 이미지다. 하지만 북한에는 그저 멋져 보이기 위해 어른들의 강한 반감은 물론[6] 혹독한 처벌까지 무릅쓸 각오가 돼 있는 젊은이도 있다.

오늘날 북한의 모든 도시에는 시간제로 방을 대실하는 가내 산업이 늘고 있다. 세계 다른 나라 사람과 마찬가지로 북한 사람에게도 욕망이 있다. 아무리 금지되고 사회적 불명예라는 장치가 있다 해도 결국 욕망의 분출은 막지 못한다. 혼전 성관계는 물론이고 공공장소에서 손만 잡아도 청년동맹 무뢰배로부터 험한 말을 들을 수 있는 나라에서 성관계를 갖는 데 필요한 시간만큼만 개인 아파트를 대여하는 위험한 일에 뛰어드는 젊은이들이 있다. 한국의 연인들은 러브호텔 산업을 이끌었지만 북한에는 그런 선택의 여지가 없다. 그렇다 보니 풀뿌리 자본주의 방식의 해결책이 나온 것이다.

인접한 대도시 어디를 가더라도, 자기 아파트를 시간 단위로 대여해 주는 아줌마가 있다. 이 아줌마들이 선호하는 시간은 자녀들은 학교에 가 있고 남편은 출근하고 난 때다. 사랑에 빠진 커플이 와서 문을 두드리고 약간의 돈을 건네면 아줌마는 커플만 있게 두고 자리를 뜬다. 아마 한두 시간쯤일 것이다. 그사이 아줌마는 동네 공원을 산책하거나 받은 돈으로 근처 장마당에서 장을 본다. 과정이 아주 간단해 보인다. 그렇지만 이러한 모습은 북한 주민들이 대기근 이후 현실에 나름 합리적으로 적응해 온 과정을 축약해서 보여 주는 것으로 이해할 수 있다. 이건 불법 행위다. 또 비공식적이다. 하지만 인간의 기본욕구에 부응한다. 100퍼센트 자본주의적이다.

주석

1 웹툰 『정답사회』에 이런 상황이 잘 드러난다. 모두가 '옳은' 대학에 들어가고, '좋은' 일 자리를 얻고, 똑같은 유행복을 입는 획일적 욕구가 표현돼 있다.

2 한국의 박정희 정부 시절 모습과 같다.

3 이와 함께 평양을 제외한 북한의 모든 도시와 마을에서 자전거를 타고 다니는 여성의 모습을 볼 수 있다. 김정일은 한때 이를 전면 금지했다. 하지만 금지령은 수도에서만 시행됐다. 이후 금지령이 풀렸지만 반감이 여전히 남아 있다.

4 평양에서 차로 울퉁불퉁한 길을 한 시간 정도 가면 나오는 평성이 새로운 북한의 풀뿌리 자본주의의 심장부다. 이곳은 중산층을 수용할 정도로 수도에 가까이 있으면서, 절대 통제의 범위는 살짝 벗어날 정도로 적당히 떨어져 있다. 일부 분석가들은 만약 정부에 맞선 일종의 중산층 폭동이 일어날 일말의 가능성이라도 있다면, 폭동이 시작될 만한 곳이 평성이라고 주장한다. 평성 주민으로서는 최근 들어 정말로 분개할 이유가 생겼다. 평성은 과거 공식적으로 평양직할시의 일부였지만 이제는 그 자격을 잃게 되어 주민들이 그간 받던 혜택을 받지 못하게 된 것이다.

5 유튜브에는 혼자 하는 법을 보여 주는 단계별 동영상도 올라와 있다.

6 한 탈북자의 말에 따르면, 머리를 염색하는 사람은 단순한 규범 파괴자일 뿐 아니라 나이 많은 어른에게 정신 나간 사람으로 비칠 수 있다. 예로부터 나이에 따른 서열제 전통이 아주 강한 사회 분위기상 이런 문제는 결코 경시할 수만은 없다.

6장
휴대전화의 부상,
라디오의 변화

06

　　지난 5년 사이에 북한에서 일어난 가장 눈에 띄는 변화 중 하나는 휴대전화의 부상이다. 2008년 북한의 이동통신망 사업자인 고려링크가 출범한 이래 250만 명 이상의 북한 주민이 휴대전화 서비스에 가입했다. 선진국에서 1990년대 초에 그랬던 것과 마찬가지로 북한에서 휴대전화는 신분의 상징이자 귀중한 사업 도구로 간주된다.

　　많은 가난한 나라에서 그랬듯이 북한은 지상 통신으로 연결되는 일반 전화의 대량 보급 단계를 건너뛰어 곧바로 모바일 전화로 나아가고 있다. 사실상 자기 집에 일반 전화를 갖고 있는 가정집은 드물다. 북한은 1997년이 돼서야 대규모 버튼 누름 방식의 전화 교환수를 자동화된 전화 교환 기술로 대체했다. 북한 당국은 전반적으로 변화에 저항적인데, 고려링크는 쉽게 모니터링이 될 뿐 아니라 국가의 좋은 수익원도 된다. 북한 모바일 혁명에는 보다 흥미진진한 또 다른 면이 있다. 이 과정에서 중국 이동통신망에 연결하는 방식으로 북한의 국가 감시망에서는 벗어나 사업에 필요한 통신과 거래 능력을 확보한 사람들도 생겨난 것이다.

북한의 휴대전화 간략사

　북한에서 처음 사업을 시작한 이동통신망 두 곳은 단명했다. 1998년 홍콩 기업 랜슬롯 홀딩스가 소규모 통신망을 평양과 남포에 설립했고, 2002년에는 태국 회사 록슬리 퍼시픽이 선넷을 세웠다. 하지만 선넷은 1년 후에도 가입자가 불과 2만 명에 그쳤다. 서비스가 엘리트층에만 제한돼 있었기 때문이었다. 들리는 말로는, 휴대전화 하나를 장만하려면 최소한 지방인민위원회 부위원장은 돼야 했다. 서비스도 지리적으로 제한돼 있어 나선 경제특구와 금강산 휴양지, 그리고 평양에서만 사용할 수 있었다.

　하지만 2004년 5월 24일, 북한 정부는 갑자기 휴대전화를 금지했다. 그해 4월 22일 용천에서 일어난 대규모 폭발이 사전에 계획된 것이었으며, 휴대전화로 기폭 장치를 작동시켰다는 루머가 돌았다. 폭발이 있기 불과 몇 시간 전 김정일이 그 역을 통과해 지나갔기 때문에 자연스럽게 암살을 기도했던 것이라는 추론에 무게가 실렸다. 당시 폭발로 인근의 2,000채 가까운 집이 파괴됐고, 정부는 재난에 대처하는 과정에서 이례적으로 외부에 도움을 요청하는 조치까지 취했다. 한반도를 지켜보던 많은 관측통으로서는 북한이 휴대전화를 금지한 시기로 봤을 때 모바일 기술과 용천 폭발은 관련이 있는 게 분명해 보였다. 하지만 북한에 대한 모든 미확인 사실과 마찬가지로 의심의 여지를 충분히 남겨 두는 것이 중요하다.

　김정일이 북한에 또 다른 휴대전화 통신망을 허가한 것은 그로부터 4년 반이 지나서였다. 2008년 12월 이집트 기업 오라스콤 텔레콤이 북한과 합작 투자 형식으로 고려링크를 운영하기 시작했다. 당시 오라스콤 텔레콤의 지분은 75퍼센트였다. 이번에는 어느 정도 성공적이었다. 초기 가입자 1만 명 미만으로 시작했는데, 개통 2주년인 2010년 12월에는 43만 2,000명, 2012년 2월에는 100만 명, 2013년 5월에는 200만 명까지 사용자 수가 늘어났다.

2010년에는 러시아 통신 기업 빔펠콤이 오라스콤 텔레콤의 지분을 인수하면서 대주주가 됐다. 당시 고려링크는 거래 당사자가 아니었지만 오라스콤 텔레콤이 갖고 있던 이집트와 레바논 통신사 지분이 합쳐지면서 새로 만들어진 OTMT의 일부로 재편됐다. 이 회사는 카이로 주식시장에 1차 상장이 돼 있는 상태다. 런던 증시에도 2차 상장돼 있다. 북한은 고려링크에 25퍼센트 지분을 갖고 있기 때문에 런던 증시나 카이로 증시를 통해 OTMT 주식을 사는 사람은 김정은의 사업 협력자가 되는 셈이다.

고려링크 휴대전화 사용하기

요즘 평양에서는 고려링크 광고 게시판이나 국영 매체에서 사람들이 휴대전화를 사용하는 장면을 볼 수 있다. 통신망 자체는 고속도로나 철도와 마찬가지로 전국의 도시와 마을로 뻗어 있다. 가입자가 250만 명에 이르는 등 휴대전화는 더 이상 전통 엘리트의 전유물이 아니다. 이제는 떠오르고 있는 상인 계층도 사용할 수 있다. 하지만 국제전화와 인터넷 접속은 여전히 차단돼 있고, 아마 이런 상태는 꽤 오랫동안 유지될 것으로 보인다. 그러나 적어도 이제 북한 사람들이 전화를 걸고 문자메시지를 보내는 모습은 흔한 풍경이 됐다. 20~50대 평양 시민의 다수가 휴대전화를 갖고 있으며 그중에는 스마트폰도 있다. 다만 인터넷 연결이 되지 않아 값어치는 떨어진다. 북한에서 앱 하나를 내려받고 싶으면 고려링크 대리점에 가서 직원에게 돈을 주고 스마트폰에 직접 설치해야 한다.

북한에서 휴대전화를 사서 등록하는 것은 어떻게 할까? 오늘날 북한에서 일어나는 다른 모든 것과 마찬가지로 돈만 있으면 된다. 가입비 200달러만 있으면 고려링크 매장에서 기기와 등록을 처리해 준다. 대금은 외환으로만 지불할 수 있다. 북한 돈은 안 된다. 이 역시 북한이 시장화를 수용하고 있거나 시장화와 손잡고 있음을 보여 주는 또 다른 사례가 된다.

요금은 분당 북한 돈 3,000원이 기본이다. 그 외 별도의 계약 요금 청구제는 없다. 유일한 추가 옵션으로는 선불방식제가 있다. 월 통화 200분과 문자메시지 20통을 다 쓰고 나면 대리점에서 충전하는 방식이다. 이때도 외환으로 결제된다. 2013년 초 기준으로, 8.4달러를 내면 200분을 추가로 쓸 수 있었다.

그토록 가난한 나라에서 이만한 비용, 특히 초기 가입비 200달러는 평양 밖의 지역에 사는 대부분의 사람에게는 엄두도 못 낼 가격이다. 하지만 인구의 10퍼센트 이상이 가입했다는 사실은 시사하는 바가 크다. 대기근 이후 시장화 덕분에 이제 많은 사람에게 그럴 수 있는 여유가 생긴 것이다. 실제로 북한에서 장사를 하는 사람이라면 휴대전화를 그저 사치품으로만 보는 게 아니라 사업에 필수적인 도구로 본다. 과거에는 북한의 다른 지역에서 팔리는 상품 가격 정보는 입수하기가 어려웠다. 잠재적인 공급자와 고객에 관한 정보도 마찬가지였다. 하지만 이제는 전화 한 통, 문자 한 통이면 알 수가 있다. 흥미롭게도, 이로써 전국 시장의 상품 가격에도 평준화 효과가 나타나고 있다. 휴대전화는 시장 간 차익 기회를 줄이면서 장사 이윤도 줄이고 있다. 그러나 최종 소비자로서는 보다 합리적인 가격을 누리게 된다.[1] 이런 과정에서 최대 피해자는 자연히 휴대전화를 갖고 있지 않은 매매자가 된다.

그러니 장마당 아줌마들로서는 휴대전화야 말로 중요한 사업 도구다. 하지만 젊은이에게는 아무래도 신분 상징의 성격이 짙다. 남들에게 자신이 부유하고 코스모폴리탄적으로 보이도록 부모님을 졸라서 장만하는 물건에 해당한다.[2] 이런 이유 때문에 어떤 북한 사람은 요금을 낼 경제적 여력이 없어 휴대전화 기기만 갖고 다닌다.[3] 한 소식통은 북한 사람 다수에게 휴대전화는 '비싼 손전등'이라고 했다. 휴대전화에서 실제로 사용하는 유일한 기능은 휴대전화 화면의 조명일 뿐이어서 과시용 물건에 지나지 않는다는 뜻이다. 정전이 극도로 흔한 나라에서는 충분히 예상되는 일이다. 전기가 나갔을 때 손전등보다 휴대전화를 꺼내 드는 게 유행이라는 보도도 있었다.

북한에서 휴대전화 번호는 그 사람의 사회적 지위를 말해 주는 것이기도 하다. 일반 시민의 번호는 191이나 193으로 시작돼 그 뒤로 일곱 자리 번호가 이어지는데, 반면 엘리트 계급의 '특별 가입자' 번호는 195로 시작된다. 이러한 특별 가입자 수는 30만 명에 이르는데, 대부분이 노동당 당원이거나 군 장교, 정부 관리다. 이런 195 번호는 고려링크와는 완전히 분리된 통신망에서 운영된다. 이 통신망은 오라스콤이 북한에서 사업 허가를 받는 조건으로 가설한 것이긴 하지만, 고려링크와 달리 100퍼센트 북한이 소유하고 있다. 이 번호를 쓸 수 있는 운 좋은 소수는 매달 통화 시간 100분과 문자 메시지 10건을 추가로 사용할 수 있다. 이 혜택을 환산하면 북한 돈으로 최고 840원 정도다. 이만한 혜택을 국가나 오라스콤이 일반 시민에게까지 확대하는 일은 단연코 없을 것이다.

국경 지대에서 휴대전화 사용하기

고려링크 덕분에 북한 주민도 이제 개인 사업을 할 수 있는 힘을 얻었고, 1980년대에 세계 부유층을 놀라게 했던 생활의 편리도 누릴 수 있게 됐지만 그렇다고 해서 이 통신망이 국가 통제를 전복할 힘까지 갖고 있다는 결론을 내린다면 성급한 일이 될 것이다. 고려링크는 삼엄한 감시를 받는다. 가령, 문자메시지는 실시간으로 모니터된다. 바로 그런 이유 때문에 오히려 정부의 통제 유지에 도움이 되기도 한다.

또한 통신료는 국가의 믿을 만한 수입원으로 그 액수가 점점 늘어나고 있다. OTMT는 고려링크에 대한 정보를 가입자 수 외에는 공개한 적이 없다. 그러나 기업 재편 이전에 기록한 총수익은 이용자당 평균 수익의 80퍼센트 정도였고, 이용자 1인당 평균 수익은 분기당 15달러였다. 일반 등록 이용자가 200만 명이 넘는 점을 감안하면 국가로 들어간 이윤의 몫은 연 수천만 달러에 이를 것이다. 여기에 단말기 판매로 벌어들인 이윤도 막대하다.

휴대전화 단말기의 판매가는 원가의 두세 배 수준에서 책정된다. 딜로이트 회계사에 따르면, 고려링크는 북한에서 현금 4억 2200만 달러의 수익을 올렸을 것으로 추산된다. 여기서 OTMT가 받아 낼 수 있는 돈은 얼마나 될까? 이 질문은 OTMT 경영진으로서는 엄청나게 중요한 관심사가 아닐 수 없다. 지금까지 북한으로부터 얻은 대답은 "0원"이었다.

이렇게 본다면 북한 정권으로서는 지금까지 휴대전화 사업의 모든 것이 좋았다. 하지만 모든 이동통신을 북한 정권이 공식적으로 반기는 것은 아니다. 북쪽에 신흥 강대국을 둔 신의주, 혜산, 회령 같은 국경 도시의 사람들은 지난 15년 동안 중국 이동통신망에 접속할 수 있는 전화 덕분에 팔자를 고쳤다. 이들은 이곳에서 중국산 전화로 중국과 한국에 사는 가족과 통화를 하고, 무역을 주선하고 정보를 주고받거나 심지어 탈북을 알선하는 데도 사용해 왔다.

이 때문에 북한에서 중국 이동통신망에 연결하는 것은 중대한 불법 행위로 간주된다. 간헐적으로 벌이는 단속에 적발되면 심한 처벌을 받을 수 있다. 사형을 당할 수도 있는 것으로 알려져 있다. 하지만 당국조차 이곳의 전화 통화를 완전히 뿌리 뽑을 것으로 기대할 수는 없다. 거기에 딸려 있는 금전적 동기 때문이다. 휴대전화를 대량으로 들여오는 중국 상인들은 거래 과정에 아예 북한의 공무원도 끌어들인다. 그리고 중국 통신망을 쓰다가 적발된 사람도 대부분의 경우 뇌물을 주면 처벌을 피할 수 있다.

심지어 공무원이 사업에 직접 관여하기도 한다. 중국 국경 인근에 살았던 한 탈북자는 중국제 전화를 사용하다가 인민보안부 관리에게 적발된 적이 있는데 뇌물 3,000위안을 강요받았고, 돈을 건넨 후 풀려날 수 있었다. 이때 전화기를 압수당했는데, 그로서는 휴대전화가 없으면 국경을 오가는 사업을 할 수가 없었기 때문에 관리에게 다시 가 1,800위안을 주고 단말기를 되사왔다. 그는 다시 잡힐 경우에 대한 대비책으로, 나중에 바로 그 인민보안부 관리에게서 백업용으로 다른 전화기 한 대를 처음보다 약간 낮은 가격에 구입했다.

북한에서, 적어도 심리적인 의미에서, 국가 통제를 추가로 잠식해 들어가고 있는 것은 중국 통신망 이용자 중 한국산 휴대전화 사용자가 늘고 있다는 사실이다. 여기에는 여러 가지 이유가 있지만 가장 중요한 것은 한류 효과 때문에 한국 제품이 최신 유행 상품으로 꼽힌다는 점이다. 한국 상품은 품질이 뛰어날 뿐 아니라 수신율도 좋은 것으로 인정된다. 게다가 한글 메뉴가 서비스되기 때문에 부유층과 사업상 필요 때문에 고품질의 통화를 원하는 사람 사이에서 LG나 삼성 휴대전화를 갖고 다니는 사람 수가 점점 늘고 있다.

어떤 사람들은 중국 통신망에 연결되는 휴대전화를 다른 사람에게 대여해 주고 사용료를 받아 돈을 벌기도 한다. 북한에서 중국제 휴대전화로 전화를 거는 사람의 절반 이상이 전화의 실소유주가 아니다. 전화를 갖고 있는 사람 상당수는 수수료를 받고 다른 사람이 쓰게끔

해준다. 자신의 친구나 가족 들이 무료로 쓸 수 있게도 해준다. 자신의 불법 전화기를 남이 쓰도록 해준다는 것은 국경 지역의 북한 주민들이 이제는 당국에 대해 두려움을 훨씬 덜 느끼고, 신고당할 가능성에 대한 염려도 줄었다는 사실을 웅변한다. 대기근 이전에는 같은 가족끼리라도 이따금씩 서로를 신고했다. 당국에 대한 두려움 때문에 혹은 그렇게 하는 것이 옳다는 믿음에서였다. 하지만 확실히 이제는 더 이상 그렇지 않다.[4]

그렇다고는 해도 사람들은 전화를 걸 때 조심한다. 신호 추적을 막기 위해 전화 소유주는 실제로 사용할 필요가 있을 때까지는 단말기의 전원을 꺼둔다. 같은 이유에서 통화 길이도 짧게 유지한다. 5분이 넘으면 과하다고 여긴다. 탈북같이 특별히 민감한 주제에 대해 이야기할 때는 사전에 약속한 비밀 암호를 사용한다.

이례적인 수준으로 주의를 기울이는 사람도 있다. 2011년 11월에 북한을 탈출한 탈북자는 불법 중국 휴대전화로 통화할 때마다 세면대를 물로 채우고 전기밥통 뚜껑을 머리에 얹고 이야기했다고 말했다. 이렇게 하면 휴대전화의 신호가 추적되는 것을 막을 수 있을 거라고 생각한 것으로 보인다. 이런 일은 최근의 변화에도 불구하고, 북한은 여전히 적절한 정보의 부재 속에서 온갖 이상한 생각과 음모론이 퍼질 수 있는 아주 폐쇄적인 사회라는 사실을 보여 준다.

신호 방해와 외부 라디오 방송

국가는 외국에서 오는 통신 신호를 완전히 다 교란시키지는 못한다. 그러기 위해서는 높은 전력의 방해전파를 끊임없이 내보내야 하기 때문이다. 그럼에도 불구하고 북한 당국은 중국 이동통신망 사용자를 저지하기 위한 노력을 점점 강화하고 있다. 그 결과 통화가 도중에 끊기기도 하고, 사용자들은 더 나은 수신 상태를 위해 머리를 언덕 쪽으로 치켜들기도 한다. 동시에 이곳은 통화자들을 추적하고 적발하기 위해 신호 탐지기가 설치된 곳이기도 하다. 특히 김정은 시대에 와서, 국가가 국경 보안을 강화하고 탈북을 막으려고 나섬에 따라, 신호 방해로 인한 국경 지역 주민의 낭패감은 커지고 있다. 하지만 북한 사람들은 중국제 전화를 족히 10년은 넘게 사용해온 데다, 바깥 세계와 연결되는 주요 통로이기 때문에 쉽게 포기하지는 않을 것이다. 게다가 적발되더라도, 대대적인 단속이나 특별히 열성적인 경찰에게 체포된 경우가 아니라면 뇌물로 문제를 해결할 수 있다.

북한은 해외에서 들어오는 라디오 방송에 대해서도 송출 신호를 방해한다. 하지만 역시나 외국 방송을 듣고 싶은 사람은 청취 방법을 찾아내고야 만다. DMZ 주변 지역은 세계에서 라디오 신호가 가장 밀집한 곳 중 하나다. 북한 내부로 신호를 송출하는 외부 방송 중 가장 흥미로우면서도 화제가 되지 않는 것은 한국의 '난수 방송'이다. 이 방송은 북한의 차단 노력에도 수십 년 동안 존재해 온 정규 방송이다.

난수 방송은 비밀 요원을 위해 암호화된 메시지를 내보낸다. 한국에 북한 간첩이 있다는 사실은 잘 알려져 있다. 하지만 그 반대도 사실이다. 한국이 북파한 비밀 요원과 교신하는 주요 방법 중 하나는[5] 다양한 AM 주파수를 통해 아나운서가 일련번호를 불러 주는 것이다. 어떤 것은 북한 노래 「반갑습니다」로 시작한다. 요즘은 베토벤의 피아노 소나타 8번 「비창」으로 시작되는 것도 있다. 노래가 끝나면 여자 음성이 숫자를 읽어준다. "56, 31, 73" 이런 식으로 이어진다. 한국어로, 군대식으로 읽어 불분명함을 피한다. 일반 청취자 귀에는 수상한 빙고 게임 정도로밖에 들리지 않는다. 하지만 암호집을 갖고 있는 간첩에게는 이 숫자들 속에 지령이 담겨 있다.

북한도 과거 한때 난수 방송을 내보냈다. 1990년대 한국에서 암호집을 갖고 있는 북한 간첩이 적발되기도 했다. 하지만 2000년경에 중단한 것으로 일반적으로 여겨진다.[6] 그렇다고 북한이 첩보에 대한 관심을 줄였다고 볼 수는 없다. 그 사이에 한국이 훨씬 더 개방적인 나라가 되었고, 이에 따라 한국에 상주하는 간첩은 전화나 이메일, 인터넷을 통해 지령을 받을 수 있게 됐을 뿐이다.

남북한 모두 선전 방송 활동도 벌인다. 서로 상대를 겨냥해 단파와 중파를 이용한 뉴스 방송을 내보낸다. 그리고 양쪽 다 방해전파로 자국을 방어한다. 역시 이 경우에도 제한된 정도로 성공할 뿐이다. 북한의 선전 라디오는 '조선의 소리'라 불리는데, 한국어와 영어, 일본어, 중국어, 프랑스어, 독일어, 러시아어, 스페인어, 아랍어로 방송된다. 조선의 소리는 음악을 트는가 하면, '제국주의자' 미국과 그 '하수인' 한국 지도자에 대해 심한 편견이 담긴 뉴스를 방송한다. 한국은 여기에 맞서 동일한 주파수로 직직거리는 소리를 내보내 전파방해를 시도

한다. 하지만 한국 어느 지역에서든 높은 지대에 올라가면 일반적으로 충분히 깨끗한 신호를 수신할 수 있다.[7] 북한의 주요 라디오 방송인 조선중앙방송도 이따금씩 그렇게 해서 들을 수 있다.

한국은 조선의 소리에 상응하는 대북 라디오 방송으로 KBS의 '한민족방송'과 함께 '희망의 메아리'를 내보내는데, 이는 한국 밖에 사는 한민족을 겨냥한 방송이다. 북한은 다른 KBS 라디오 방송과 함께 이들 방송을 차단하기 위해 제트 비행기가 이륙할 때 내는 것과 비슷한 소리를 내보낸다.

북한 라디오 청취자를 겨냥한 방송 중에는 미국의 소리(Voice of America) 및 자유아시아방송(Radio Free Asia)의 한국어 방송처럼 미국 정부가 지원하는 것도 있다. 그 밖에도 열린북한방송, 자유조선방송, 북한개혁방송, 자유북한방송 등의 독립 방송이 있는데, 이 방송들은 한국에서 운영되고 있으며, 직원의 일부가 탈북자다. 또한 비슷하게 북한 청취자를 겨냥한 일본 방송이 있고, 적어도 두 개의 기독교 방송이 같은 활동을 하고 있다.[8]

라디오의 파장

텔레비전과 마찬가지로 북한에서 합법적으로 판매되는 라디오로는 미리 설정된 북한 채널만 들을 수 있다. 개조한 라디오나 채널 조정이 자유로운 외국산 라디오를 갖고 있으면 법으로 처벌받을 수 있다. 하지만 예상할 수 있듯이, 그런다고 장마당의 상인과 중국 상인이 이런 라디오를 파는 것까지 막을 수는 없다. 잡힌다 해도 평소처럼 뇌물로 해결할 수 있는 일이다. 전형적인 북한 관리는 라디오를 갖고 있는 사람을 식권 정도로 본다. 라디오 수상기에다 몇 달러의 뇌물까지 챙길 수 있는 기회로 보는 것이다. 라디오는 압수해서 되판다. 이역시 관리한테 득이 된다. 라디오 소유자를 처벌했다가는 그저 이런 수익의 기회만 날릴 뿐이다. 그러니 중국에서 들여온 라디오와 불법 개조한 북한 라디오 세트를 통한 불법 라디오 청취는 번창할 수가 있는 것이다.

그렇다고는 해도, 북한에서 해외 라디오 방송이 외국 텔레비전 프로그램이나 영화만큼 인기가 높은 건 아니다. 그 이유는 실제로 아주 단순하다. 세계 다른 나라 사람과 마찬가지로 북한 사람도 텔레비전이 더 재미있다고 생각하는 경향이 있기 때문이다.[9] 방송 수신 과정의 문제도 있다. 한국 드라마 「겨울연가」를 DVD로 시청하는 데는 전파 신호를 수신할 필요가 없다. 그래서 2010년 설문조사에 응한 탈북자의 절반 정도가 외국 TV 방송을 시청한 적이 있다고 한 반면, 외국 라디오 방송을 청취한 사람은 27%에 불과했다. 라디오가 훨씬 쌀 뿐만 아니라, 믿을 수 없는 북한의 전기는 물론 건전지로도 작동시킬 수 있는 데다가, 1990년대 중반 대기근 이후로 흔히 구할 수 있게 됐음에도 불구하고 라디오 청취율은 그만큼 낮았다.

그래도 라디오의 힘은 강력하다. 사람들은 라디오가 텔레비전보다는 재미가 덜하다고 여기지만 동시에 가장 신뢰할 만하고 정보가 많은 매체라고도 생각한다. 정기적인 청취자뿐 아니라 북한 주민 전반이 그렇게 생각한다. 이는 북한을 겨냥해 내보내는 라디오 방송이 연속극으로만 채워지기보다 대개 뉴스 위주로 편성되기 때문이다. 많은 라디오 콘텐츠가 북한 주민을 특별히 염두에 둔 것이기 때문에 그들의 관심 주제를 다루는 데다 북한의 국영 매체 방송에 만연한 세부 소식의 결여에서 비롯되는 정보 공백을 메워 준다. 이런 이유로 라디오 청취자 수는 상대적으로 적긴 해도 구전을 통한 증폭 효과로 보완이 된다. 라디오를 통해 접한 어떤 흥미로운 뉴스에 관한 이야기가 한국 텔레비전 방송 프로그램에 관한 이야기보다 더 멀리까지 더 빠르게 퍼져 나간다.

보통의 북한 주민에게 북한 관련 정보의 실시간 정보원 역할을 하는 건 라디오가 유일하다. 라디오를 통해 어떤 장래 일에 관한 정보, 가령 구호 수송품 입항 소식 등을 들을 수 있고, 그 소식을 자신이 직접 목격할 수 있다는 사실 때문에 매체의 신뢰성은 더 높아진다. 특히 한국에서 내보내는 라디오 방송은 다른 나라 방송보다 더 믿을 만한 것으로 생각한다. 왜 그럴까? 첫째, 여전히 남북한 간에는 문화적 공통점이 많기 때문이다. 둘째, 북한 사람들은 한국이 수년간 '괴뢰 도당'의 지배를 받고 있긴 해도 한국 사람은 여전히 자신의 형제 자매라는 이야기를 들어 왔기 때문이다.[10] 반면 미국의 소리는 외국의 적이 생산하는 것이다.[11] DVD와 USB를 통해 들어오는 할리우드 영화가 이제는 그런 인식을 바꾸고 있긴 하지만 북한 사람들은 여전히 미국인보다는 한국 사람한테 동질감을 느낄 가능성이 훨씬 더 크다.

탈북자들이 송출하는 라디오 방송의 영향력은 특히 강하다. 누군가 북한 억양으로 김정일을 비판하고, 적어도 북한보다 물질적으로 훨씬 더 나은 서울에서, 아직 완벽하지는 않지만 자신의 새로운 삶에 대해 이야기하는 것을 듣게 되면 깜짝 놀랄 뿐 아니라 영감을 얻게 된다. 탈북자가 등장하는 방송들은 북한을 떠나 보려고 생각하는 사람들에게 심리적 지지와 희망을 선사한다.

누가, 언제, 무엇을 듣는가

북한에서 외국 라디오 방송을 청취하는 건 외국 텔레비전 방송을 시청하는 것보다 더 은밀한 측면이 있어 보인다. 방송 내용 때문이다. 외국 라디오 방송은 북한에 초점이 맞춰져 있고 침범이 용이할 뿐 아니라 잠재적으로는 정권을 위협할 수 있다. 그래서 사람들은 어둠을 틈타 듣는 경향이 있다. 가장 인기가 높은 청취 시간대는 오후 10시부터 밤 1시 사이이다. 이 때문에 북한을 겨냥한 외부 방송사들은 낮 시간보다는 밤 시간에 주로 활동한다.

대부분의 방송사는 단파 주파수로 방송을 내보낸다. 단파 신호가 멀리까지 가기 때문이다. 북한도 중국도 북한을 겨냥한 독립 방송사의 방송이 자국 영토로 침투하는 것을 허용하지 않으려 든다. 하지만 단파 라디오는 그런 방해에 아랑곳하지 않는다. 다만 한 가지 복잡한 문제는 있다. 단파 라디오 수신기는 북한에서 합법적으로 판매되지 않는다. 중국 교역상이 들여오기도 하고, 기술자들이 기존 북한 라디오를 개조할 수는 있지만 여전히 라디오를 갖고 있는 사람의 상당수가 단파에는 접속하지 못하는 상태다. 그래서 북한 인권 운동가들은 북한에 단파 수신기를 대거 들여보내려 노력을 기울이고 있다.

그래도 북한의 라디오 청취자 수는 수백만 명에 이른다. 이들을 연령과 출신 배경, 사회적 지위로 구분해 볼 수도 있다. 전반적으로 남성이 여성보다 라디오에 관심이 많다. 엘리트, 그중에서도 세상 물정에 밝고 교육 수준이 높은 사람들이 경성 뉴스, 특히 남북한 관계에 관한 뉴스를 즐겨 듣는다. 새롭게 떠오르는 상인 계층 중에서 보다 야심 있고 성공한 이들도 비슷한 취향을 갖고 있다. 하지만 이 경우에는 종종 상업적인 이유에서다. 구호물자 중에 쌀 수송품이 대거 포함돼 입항한다는 소식이 나오면 장마당의 쌀값이 떨어지곤 한다. 또 유엔의 추가 제재 소식이 들리면 특정 상품의 가격과 조달 가능성에 영향을 주기도 한다. 중국-북한 국경 지대의 안보 수준에 변화가 있다는 소식도 비슷한 효과를 낳곤 한다. 환율에 영향을 줄 수도 있다. 집중단속 소식은 어떤 항목의 교역을 위험하게 만들기도 한다. 이처럼 잠재적으로 수익성과 관계된 정보를 북한 매체에서 시의적절하게 들을 것으로 기대할 수는 없다. 따라서 해외 라디오 뉴스를 듣는 일은 진지한 북한 교역상들에게는 필수 항목이다.

교육 수준이 낮은 사람은 보다 가벼운 방송을 선호하는 경향이 있다. 탈북자들이 고향으로 쓴 편지를 들려주는 방송 같은 것이다. 이런 콘텐츠는 뉴스성은 낮아도 지극히 큰 힘을 발휘한다. 남북 간 차이에 대한 정보를 담고 있을 뿐 아니라 듣는 사람을 감성적으로 잡아끌기 때문이다. 탈북에 대한 두려움을 덜어 줄 수도 있다. 이런 종류의 방송이 자신에게 탈북을 감행할 용기를 불어넣어 주었다고 말하는 사람들도 있을 정도다.

이제는 청취자 간 차이를 반영하는 방송도 가능해졌다. 방송 선택의 폭이 커지면서 청취자도 점점 다양해지고 있다. 북한을 겨냥한 방송국 수는 이제 두 자리 수에 이른다. 그 결과 청취자는 듣고 싶은 방송을 찾아 들을 수 있게 됐다. 재미없는 방송이 나오면 스위치를 끄거나 다른 방송을 찾아 듣는다. 탈북자 대상 설문 조사 결과도 그렇고 탈북자에게 실제 이야기 들어 본 바로는, 예전 라디오 청취자는 방송이 지루하거나 전파 신호가 좋지 않아도 한 가지 해외 방송만 고집해서 들었지만 요즘은 우리와 마찬가지로 북한 청취자도 계속해서 옮겨 다닌다.

1 시장 효율성을 높이는 효과도 있다. 하지만 그만큼 상인 간 경쟁이 치열해진다.

2 몇몇 소식통은 젊은 남성이 휴대전화를 사용하는 이유는 여성에게 과시하기 위해서라고 주장한다. 이제 돈이 있는 남성이라면 스마트폰을 사서 뽐내고 싶은 것이다. 하지만 북한에서는 인터넷에 접속할 수 없다는 사실을 기억할 필요가 있다.

3 장마당에서 먹통 휴대전화를 팔기도 한다. 아이들도 장난감 휴대전화를 가지고 논다.

4 중요한 진전이다. 과거에는 국가 통제력이 워낙 강해서 많은 어린이가 자기 부모를 신고하는 것이 도덕적으로 옳은 일이라고 여겼다. 무엇보다 대기근으로 인해 사회 계약이 깨지고 그 후 정권에 대한 냉소주의가 증가하면서 이런 바람직한 변화를 낳게 된 것으로 보인다.

5 물론 아무도 난수 방송의 소유권을 공개적으로 주장하지는 않는다. 그러나 이 난수 방송이 한국 것이라고 추정하는 데는 큰 무리가 없어 보인다.

6 수년간 북한 방송을 모니터한 아마추어 라디오 애호가가 2000년 방송 청취를 마지막으로 보고했다. 청취자 사이에 'V24'로 알려진 한국의 난수 방송은 지금도 계속된다.

7 그렇지만 실제로 그렇게 하면 한국의 국가보안법에 저촉된다는 것을 유의해야 한다.

8 서울 서부 지역에 비밀 방송국도 있다. 지하방송이자 해적방송이다. 여기서는 북한을 향해 한국의 옛날 노래와 한국 대통령 활동에 관한 뉴스 보도를 튼다. 한국 정부는 이 방송의 존재를 인정하지 않지만, 위성사진 웹사이트를 통해 보면 송신탑 구역에서 이 방송국을 발견할 수 있다.

9 북한에서 외국 텔레비전 프로그램을 시청하는 사람이 늘었다고 해서 기존 라디오 청취자가 이탈한 건 아니다. 많은 사람이 둘 다 소비한다. 추산 자료를 보면 텔레비전 프로그램이나 영화를 보는 사람이 늘어난 후에도 라디오 청취자 수는 대체로 그대로 유지돼 왔다.

10 한국에 온 탈북자들은 한국 사람들은 그렇게 생각하지 않는다는 사실을 알고 종종 실망한다. 요즘 한국에는 통일이나 북한 전반에 대해 적극적인 관심을 보이는 사람이 드

물다. 탈북자를 도우려는 사람은 훨씬 더 적다.

11 영국 BBC도 외국어 서비스를 한반도까지 포함하는 방향으로 확대하는 것을 고려했다. 하지만 영국 정부의 광범위한 예산 삭감으로 지금까지 보류 상태에 있다.

7장

분화하는 북한 사회

North Korea Confidential

북한 정부 내에도 저마다 다른 의제를 가진 상이한 파벌이 있는 것처럼, 북한 대중도 북한 국영 매체와 국제 매체에서 공통적으로 그리는 것처럼 단일한 생각을 가진 로봇은 아니다.

오늘날 북한 사회를 분할하는 세 가지 영역은 이 나라가 어떤 사회인지에 대해 많은 것을 이야기해 줄 수 있다. 그 세 가지란 사회 계급과 출신 민족 그리고 출신 지역이다. 북한이 공산주의 국가일 뿐 아니라[1] 민족적으로 동질적인 나라로 알려져 있는 것을 생각하면 사회 계급과 출신 민족이 사회에 영향을 끼친다는 사실이 놀라워 보일 수 있다. 하지만 북한에는 정부가 만든 사회적 위계 시스템이 있을 뿐만 아니라, 수는 적지만 영향력은 대단히 큰 중국 민족 집단(화교)이 있다. 북한에서 화교는 점점 늘어가는 바깥 세계와의 비공식 교역 및 정보 교환의 전위 역할을 맡고 있다.

출신 지역에 대해서는 보다 이해하기 쉽다. 수도에 사는 사람들이 지방 사람을 깔보는 현상은 북한에만 국한되는 것은 아니기 때문이다. 하지만 북한의 지역 간 차이를 살펴보면 앞으로 어떤 주요 정치적, 사회·경제적 변화가 일어날지에 대한 생각의 단서를 얻을 수 있다. 북한의 시골은 언제나 그래 온 것처럼 지금도 존재한다. 하지만 북동부 지방의 많은 사람들은 이제 바깥 세계에서 어떤 일들이 일어나고 있는지 잘 아는 데다 김씨 정권에 대해서는 실망한 상태다. 물론 평양 시민도 점차 바깥 정보에 눈을 뜨고 있기는 하지만 이들의 이해관계는 북한 체제와 더 긴밀하게 묶여 있다. 아마도 평양 시민 다수는 여전히 상대적으로 안락한 삶을 살기 때문일 것이다. 따라서 우리가 가장 긴밀히 눈여겨봐야 할 지역은 북동부의 양강도와 함경북도다.

사회 계급

우리는 사회주의 국가의 궁극적인 핵심 목표가 '계급 없는 사회'를 추구하는 것이라고 예상할 수 있다. 그러나 북한은 사회주의 국가라기보다는 전통 한국 사회에 훨씬 더 가깝다. 1894년 갑오개혁을 통해 계급 구분이 공식적으로 사라지기 전까지 한국은 수세기 동안 계급 간 차별이 심한 봉건사회였다. 일제강점기와 6·25 전쟁, 김일성의 토지개혁을[2] 거치면서 옛 사회질서는 폐지돼 갔지만 김일성은 정부에 대한 충성심에 기초한 새로운 계급 체계를 구축하는 것이 필요하다고 생각했다.

북한 노동당 정치국은 1957년 5월 30일 결의문에서 북한 사회를 충성 집단, 중립 집단, 적대 집단으로 구분하는 개념을 처음 도입했다. 넓게 봐서, 충성파들은 김일성과 함께 싸운 사람이거나 그에게 충성을 맹세한 세력, 사회주의 지식인과 혁명가들, 6·25 전쟁 중에 북한을 위해 싸운 사람 사이에서 선별될 것이었다. 적대적 인물은 지주나 자본가, 한국에 친척이 있거나 강한 유대 관계가 있는 사람, 옛 일제강점기의 부역자 들이었다. 중립적 인물은 두 부류 중간으로 분류된 사람이었다. 일제강점기와 모든 북한 남자의 군사 활동에 대한 일련의 긴 조사가 진행됐다.

이것은 북한 사회를 분할하는 성분 시스템의 효과적인 시작점이었고, 지금까지도 북한에서 각 개인의 운명에 영향을 주고 있다. 북한에서 가장 평범하게 오래 산 사람들 얘기로는 북한 주민의 28퍼센트가 충성 계급에 속하고 45퍼센트는 중립, 27퍼센트는 적대 계급으로 분류돼 있다. 개인의 성분은 위로 올라가기보다 아래로 내려가기가 훨씬 더 쉽다. 한 번의 단순한 정치적 실수로 온 가족이 강등될 수 있다. 때문에 적대 계급에 속하는 사람들의 추산치는 실제보다 낮게 잡은 것으로 보는 게 좋다.[3]

성분을 분류하는 게 지금은 아주 확고히 자리 잡은 시스템으로 모든 북한 사회를 포괄하고는 있지만, 사람들이 이를 반드시 매일같이 의식하고 사는 건 아니다. 북한 정부가 시민들에게 "김 아무개, 당신은 적대적 인물로 분류돼 있소, 그러니 좋은 일자리는 주지 않을 거요"라고 말하는 건 아니라는 얘기다. 사실 많은 사람이 자신의 공식 성분을 잘 모른다. 출신 배경에 따라 어떤 사람이 다른 사람보다 더 나은 대우를 받는다는 것은 예전부터 늘 한국 사회가 그랬던 것을 생각해 보면 오히려 자연스러워 보일 수도 있다. 물론 그렇다고 해서 사람들이 그것에 찬성한다는 뜻은 아니다.

각 개인의 지위는 정부 파일에 기록돼 있어 가령 승진을 요청하거나 대학에 지원할 때, 당국에 체포되는 경우가 생겼다면 관련 결정권자가 성분 점수를 감안하여 평가할 것이다. 오늘날 북한에서 사실상 모든 것을 돈으로 사고팔 수 있긴 해도 성분 조사는 아주 철저히 이뤄진다. 수많은 단계에 걸쳐 관료들의 결재를 거친다. 지방 경찰서장, 거주지 등록 공무원, 인민보안부의 과장들이 모두 재분류에 동의해야 한다. 그리고 사회 서열의 상위로 올라갈수록 국가안전보위부도 개입할 여지가 커진다. 한 사람의 성분을 현저히 격상시키기 위해 뇌물을 건네야 할 사람의 수를 감안하면 그만한 모험을 시도하기가 어렵다.

나쁜 성분은 아주 다양한 방식으로 개인의 삶에 영향을 미칠 수 있다. 한 탈북자는 자신이 불행한 가정 배경 때문에 국가 대표 선수팀에 선발되지 못했다고 이야기했다. 또 군부는 아주 낮은 성분의 사람은 군 복무를 허락하지 않는다. 일자리를 구할 때도 자격은 모자란데 출신 성분은 더 나은 경쟁자에게 밀린 사례가 많다. 그와 비슷하게, 성분이 좋은 사람은 범죄를 저질러도 관대한 처분을 받을 수 있지만 성분이 나쁜 사람은 그럴 수가 없다. 또 가장 우수한 학교는 성분이 좋은 집안 아이들로 차 있다.

성분은 처음 분류될 때의 정치적 기원에서는 멀어졌음에도 불구하고, 두세 세대에 걸쳐 사회화가 진행된 효과 때문에 여전히 힘을 발휘한다. 성분이 좋으면 좋은 학교와 일터에서 주로 좋은 성분을 가진 사람과 공부하고 일하게 된다. 상대적으로 근사한 아파트에서 좋은 성분의 이웃과 모여 살 가능성도 크다. 친척들도 좋은 성분일 가능성이 크다 보니 어려움에 처하더라도 이들이 힘을 써 문제 해결을 도와준다. 이 모든 것이 자연스러워 보일 것이다.

결혼도 성분이 좋은 상대와 할 가능성이 크다. 성분이 나쁜 사람과 사랑에 빠지면 그 사람은 십중팔구 자기보다 가난하고 사회적 가치도 더 낮을 가능성이 크다. 그러니 부모도 반대한다. 한국 문화에서 남녀가 결혼할 때 직면하는 부모의 반대는 대부분의 경우 넘기 힘든 장애물이다.[4] 이것은 한국에서도 아직까지 거의 그렇다. 설문조사 응답자의 대부분은 부모가 허락하지 않는 상대와의 결혼으로 부모의 뜻을 거역하지는 않을 거라고 답한다. 어쨌든 자기 주변의 동년배들도 대부분은 자신과 성분이 비슷한 사람들일 것이다. 그렇다 보니 자신과 성분이 다른 누군가와 만나서 사랑에 빠질 확률은 실질적으로 대단히 낮다.

궁극적으로 성분은 능력주의에 역행하는 힘으로 작용한다. 단지 어떤 출신이냐에 따라, 자기에게서 비롯되지도 않은 유불리가 주어진다. 그런 점에서 북한의 성분제는 영국의 귀족계급 제도나, 자본주의 사회의 상속재산 개념과 별로 다를 게 없다는 주장도 가능하다. 차이점이 있다면 북한의 성분은 열광적인 정부가 의도적으로 설계해서 시행한 것이고, 6·25 전쟁을 거치면서 그 전까지의 사회 계급 질서를 거의 전면적으로 평준화한 후 아주 신속하게 새로운 계급 구분이 확고히 자리잡도록 했다는 점이다.[5]

다행히도 성분의 영향력은 대기근 이후 얼마간 힘을 잃었다. 오늘날 북한을 움직이는 주 원동력은 처벌의 두려움, 그게 아니면 돈이다. 사업에 성공했다고 좋은 성분 자체를 돈으로 살 수는 없지만, 더 나은 성분의 효과, 즉 대학 배치, 탐나는 직장, 고급 아파트, 의료 시술, 더 큰 이동의 자유, 기소나 가혹 처벌의 면제와 같은 부분은 대부분의 경우 돈으로 살 수 있다. 이는 봉건사회에서 시장 체제로 바뀌는 과정에 있는 많은 나라에서 나타나는 현상이다. 즉, 점증하는 기업가 계층의 다수는 성분이 낮지만 일상에서는 그로 인한 차이가 거의 드러나지 않는다. 돈이 아주 많은 사람이라면 언제라도 높은 성분 집안 사람과 결혼할 수 있다.

한 소식통은 북한 정부의 공무원으로 일하면서 성분이 낮아 장래 희망에 한계를 느낀 친구 이야기를 전해 줬다. 이 친구는 상관에게 뇌물을 주기로 결심했고, 그랬더니 예상대로 더 나은 직위에 배치됐다. 그러고 난 후 그는 나아진 직위를 이용해 더 많은 뇌물을 착복했다. 결국 그가 처음 상관에게 건넨 뇌물은 사실상 투자인 셈이었다. 이처럼 뇌물을 주고 더 나은 직위를 얻는 것은 오늘날 북한에서 아주 흔한 일이다. 이때 올라갈 수 있는 높이에 한계가 있기는 하다. 북한의 공무원 사회에는 낮은 직급의 사람이 계서제의 상위로 승진하려는 희망으로 상관에게 뇌물을 주는 관행이 만연해 있다. 보통 정부 밑에서는 뇌물이 최고위층으로 모였다가 아래로 배분되지만 대기근 후 북한 정부하에서는 돈이 반대 방향으로 이동하고 있다.

그럼에도 불구하고, 돈만 있으면 성분을 완전히 피해 갈 수 있다고 생각하면 곤란하다. 부패와 자본주의로 인해 예전 김일성 치하에서는 결코 얻을 수 없었던 신분 상승의 기회가 수완 좋은 경영자와 재능 있는 이단아에게 가기는 하지만, 성분은 여전히 일부 사람에게 상당한

이점을 주고 다른 사람의 발목을 잡는다. 성분은 더 이상 유일한 결정 요인은 아니지만 출발점에서는 막대한 유불리로 작용한다.

가령 북한의 전형적인 고위 관료를 보면 성분이 좋은 데다가, 사촌도 군에서 높은 계급에 있고, 형제도 국가안전보위부의 요직을 차지하고 있는 식이다.[6] 문제의 관료는 자신이 특별히 똑똑하거나 일을 열심히 해서 그 자리에 있는 게 아닐 수 있다. 좋은 성분과 가족 연줄 덕분에 직위를 물려받다 보니 오히려 게으르게 돼 있을 가능성이 크다. 그의 주된 일은 뇌물을 챙기는 것이다. 성분이 낮은 여자 상인은 작은 사업을 계속 꾸려 가기 위해 그에게 뇌물을 줘야 하는데, 능력주의로 보자면 오히려 이 상인이 근면의 대가를 받아 마땅하다. 그녀의 생활수준으로만 보면 북한 사회가 속수무책으로 부패하기 전보다는 훨씬 낫다. 하지만 정말 남부러워할 만한 삶을 살게 된 사람은 그녀에게서 뇌물을 받아 돈을 모은 성분 높은 관리다.

이와 비슷하게, 야심 있고 근면한 관리는―물론 높은 성분 덕분에 이 직위에 오른 사람이다―평양의 건설이나 자원 채취 같은 주요 사업 기회의 이권을 차지하는 데 가장 유리한 자리에 배치된다. 그런 기회가 차단된 사람에게는 점점 불만이 쌓여 간다고 많은 소식통은 이야기한다. 대기근 이후 북한에서 탈출이 흔해졌을 때, 그 추동력은 먹고 싶다는 단순한 욕구였다. 오늘날에는 탈북자 중 상당수가 북한에서도 상대적으로 잘살 수 있지만 사회 신분 때문에 한계를 느끼고 불만을 갖게 된 사람들이다. "발전하지 못했다"는 말이 탈북의 이유 중 하나로 언급된다.

조선의 역사와 북한의 미래

　1590년대 일본은 한반도에 일련의 침공을 감행했다. 임진왜란이었다. 17세기 초에도 만주의 공격을 받으면서 조선은 중국의 청 왕조에 조공을 바치는 나라가 되었다. 이런 사건으로 수십만 명이 숨지고 그 이상이 집을 잃었다. 불가피하게 사회질서도 재편됐다. 그때까지 사회를 지배했던 양반 귀족제는 힘을 일부 잃었고, 새로 부상한 상인 계급이 부와 사회적 지위를 어느 정도 얻게 됐다. 이와 아주 비슷한 일이 오늘날 북한에서 일어난다. 예전 상인 계층 사람들은 변하는 사회 상황을 이용해 빈털터리 양반 가문과 결혼하거나, 뇌물을 주고 양반 가문 족보를 사서 자기 신분을 고칠 수 있었다.

　이런 상황 전개가 곧바로 조선왕조나 양반의 종말을 뜻하지는 않았다. 최종 결과는 엘리트 계층이 새로운 피와 사고를 가진 엘리트로 충원된 것이었다. 당대의 관료와 학자 들은 실학의 영향 아래 서서히 추락하기 시작했다. 실학은 과학과 기술을 통한 사회 개선과, 여러 혁신 중에서도 토지 개혁을 강조했다. 그런 분위기 속에서 영조는 계속하여 새로운 계몽과 번영의 시대로 이끌었다.

　1990년대 중반 인간적인 참사와 사회질서 재편을 초래한 북한의 대기근은 16~17세기 후반 조선에서 일어난 격변에 비유된다. 양반에 해당하는 높은 성분의 북한 정부 공무원은, 고수익 사업의 노하우를 익히는 공무원을 가장 가치 있게 보는 새로운 현실에 적응하고 있다. 그런가 하면 그의 아들에게 가장 바람직한 배필은 성공한 상인 집안의 딸이다. 한 계급이 다른 계급을 대체하는 것이 아니라, 조선 시대 중·후반과 흡사하게 기존 사회질서의 일부로 섞여 들고 있다. 더욱이 오늘날 북한 정부의 젊은 공무원은 실용주의자들이다. 나이 많은 선배와는 대조적으로 새로운 사상에 개방적이다.

이러한 변화는 북한의 미래에 대해 무엇을 말해 주는가? 물론, 300~400년 전에 비하면 외부 환경도 다르고 사회 변화 속도도 비교할 수 없이 빠르다. 지금 북한이 조선왕조가 그랬던 것처럼 600년 동안 지속될 거라고는 아무도 예상하지 않을 것이다. 하지만 조선과 비교해 보면, 최소한 지금 북한의 사회 변화가 필연적으로 머지않아 정권 붕괴로 이어질 것이라는 주장에 대해서는 어느 정도 회의적일 필요가 있음을 알 수 있다. 정권 붕괴는 단지 여러 가지 가능성 중 하나일 뿐이다. 보다 가능성이 커 보이는 것은 점진적 개방과 안으로부터의 개혁이다. 사람들의 고통을 최소화하는 관점에서라도 이 점이 가장 바람직한 결과가 될 수도 있다.

평양 대 나머지

평양의 사회 구성을 보면 북한 정부가 수도를 충성파로 채우려 한다는 걸 알 수 있다. 수년에 걸쳐 성분이 낮은 사람들을 먼 지방으로 추방시킨 결과, 평양은 높은 성분만 밀집해 있는 지역이 됐다. 1973년 김정일은 조직지도부 부장이 된 후 노동당 당원 전원에 대해 성분에 기초한 고강도 조사를 지시했다. 3년에 걸친 조사 끝에 최종적으로 50만 명이 추방됐다. 이들은 60만 명의 새로운 20~30대 젊은 당원으로 교체됐다. 김정일에게 특별히 충성하는 신세대 엘리트를 만

들어 낸 것이다. 전국에 걸쳐 실시된 기획 사업이었지만 그 여파는 평양에서 유독 크게 느껴졌다. 그렇다고 평양에 성분 낮은 주민이 하나도 없는 건 아니다. 물론 다른 점이 동등하다고 했을 때 성분만 낮은 사람을 말하는 것이긴 하지만 평양에도 빈곤층이 있다. 영양실조에 걸리는 사람도 있다. 요즘 같아서는 뇌물을 주고 처지를 개선해 갈 수도 있지만 여전히 분명한 것은 수도에 사는 대단한 특권은 주로 충성과 계급의 사람이나 향유할 수 있다는 사실이다.

북한에서 중심과 주변부의 격차는 성분 차원을 넘어간다. 놀이공원과 같은 주목받는 사업을 포함해, 정부의 관심과 지출은 수도에만 과도하게 편중된다. 북한 대중의 눈에도 평양은 특별하다. 아이들도 평양으로 수학여행 가는 걸 좋아한다. 평양에 진입하는 데 드는 뇌물은 다른 어떤 곳을 가는 데 드는 뇌물보다 비싸다.

정치와는 별 상관 없는 중요한 문화적 차이도 있다. 서울 사람이 때로 시골 사람을 '촌놈'이라고 부르는 것처럼 평양 시민도 지방 사람들을 낮춰 보는 경향이 있다. 시골 사람은 반대로 평양 사람은 쌀쌀맞고 자기한테 유용한 사람하고만 친하게 지낸다고 이야기한다. 한국에서 시골 사람이 서울 사람한테 하는 것과 똑같다.

가장 시골스러운 지방은 아마 비무장지대인 강원도일 것이다.[7] 강원도 사람은 일반적으로 북한의 청진 같은 북동부 도시들이 주도한 중요한 사회 변화와 민관 자본주의와 평양의 과시 소비에서 가장 고립돼 있다. 이 지방 사람들은 정보 습득 면에서 불리하다. 그렇다 보니 다른 도시 사람들보다 국가에 대한 충성심이 한층 높고 순수하다. 한 탈북자도 강원도와 다른 인근 지방 사람들을[8] 순진하다고 표현했다. 그와 반대되는 뜻의 깬 사람들, 말 그대로 계몽된 사람, 즉 북한의 현실을 아는 사람은 도시와 북동부 지역에 압도적으로 많이 산다. 그러니 만약 북한에서 봉기가 일어난다면 강원도보다는 청진에서 시작될 가능성이 훨씬 크다.

평양과 북동부 지역 둘 다 깬 사람으로 가득하지만, 평양 사람들은 북한 체제의 모순을 참고 견디는 데서 얻을 것이 훨씬 더 많다. 수도의 거주민으로서 특권적 지위를 누리기 때문이다. 반면 북동부 사람들은 북한 정부에 큰 실망감을 느꼈다. 함경북도와 양강도(함경남도와 함께)는 공공배급제가 무너지기 시작했을 때 배급이 가장 먼저 중단된 곳이었다. 공급은 1994년에 이르러 완전히 끊겼다. 보도에 따르면, 김정일은 함경북도가 자신에게 반항적이고 적대적이라고 여겨 개인적인 증오심을 품고 있었다. 함경북도가 오랫동안 정치적으로 달갑지 않은 인물을 유배 보내는 곳으로 사용돼 왔다는 사실도 우연이 아니다. 평양에서 가장 먼 지역이다 보니 자연스럽게 정권이 신뢰하지 않는 사람을 보내는 추방지가 됐다.

또한 함경북도와 양강도 모두 중국과의 접촉이 많다. 외국 방송 매체가 담긴 DVD와 USB 메모리스틱을 포함해 엄청난 범위의 상품과 불법 패션 상품들이 국경을 넘어 북동 지역으로 가장 먼저 들어간다. 함경북도와 양강도 출신의 탈북자 수가 유난히 많다는 사실은 우연이 아니다. 지리적 근접성과 양국을 가르는 물길인 두만강 유역의 협소함을 감안하면, 정착한 탈북자가 친척에게 보내는 돈과 정보는 북동 지역에 남아 있는 친척과 평양 정부 사이의 심리적 거리감을 더 키우게 된다.

함경북도는 비교적 자기 생각대로 할 수 있는 지역이다. 이곳 여성들이 더 세련되게 옷을 입고, 경찰 단속이 덜 엄한 이유다. 일반적으로 함경북도 사람들은 북한 기준에 비춰 상대적으로 자유롭게 살 수 있다. 정부가 위협으로 여기는 것만 하지 않으면 된다.

자강도와 평안도도 중국 접경 지역이지만 평양에서 그리 멀지 않다 보니 이 지역의 국경 보안은 북동부 지역에서보다 삼엄하게 유지되고, 재정적, 심리적 투자도 더 많이 이뤄지는 형편이다.

화교

북한은 종종 자국이 세계에서 가장 민족적으로 동질적인 나라라고 주장한다. 이 말이 사실인지 아닌지 몰라도, 실제로는 북한에 소수의 화교가 산다는 사실을 흐린다. 수년에 걸쳐 북한은 정권 내 사고방식에 만연한 극단적인 혈통적 민족주의의 보조에 맞춰, 하지만 동맹인 중국 정부의 화를 자극하지 않는 방식으로 화교들을 제거하려 노력했다. 하지만 아직도 북한에는 8,000~1만 명의 화교가 남아 있다. 이들은 평양과 신의주와 청진 같은 북동부 도시에 나뉘어 산다. 19세기에 북한으로 이민 온 중국인의 후손으로 중국 여권을 소지한 이들은 오늘날 북한 사회와 교역에 엄청난 영향력을 행사하고 있다. 아웃사이더의 지위에도 불구하고 숫자에 비해 영향력은 대단히 크다.

덩샤오핑이 중국 개방을 시작하기 전만 해도 북한의 생활수준은 보통 중국인이 부러워할 정도였다. 더욱이 1960년대 문화혁명의 공포를 감안하면 화교로서는 상대적으로 안정적이고 발전하는 나라인 북한에 남아 있는 것이 행복하게 여겨졌다. 그럼에도 북한 내에서 화교들은 최빈곤층에 속했다. 이들은 출신 민족이 다르다는 이유로 노동당 가입도 금지됐다. 직업적인 전망에도 제한이 있었다. 오늘날 나이 든 북한 사람들은 과거 자기가 살던 도시 길바닥에서 본 중국 거지를 떠올릴 수 있다.

1980년대 와서 북한 내 화교의 운명에 극적 반전이 일어났다. 자기 의사에 따라 중국을 방문할 수 있는 권리가 주어진 것이다. 중국 친척을 북한으로 초대할 수 있는 권리도 주어졌다. 당시 북한 주민 중에서 해외로 출국할 수 있는 사람은 극소수였다. 화교에게 사실상 신흥 자본주의 대국과 민간 교역의 독점권이 주어진 셈이었다. 덕분에 이들은 북한 사회에서 엘리트 이외에 가장 눈에 띄는 부유층 집단으로 변신했다. 이들은 북한산 버섯과 해산물을 중국으로 가져갔고 전자제품과 의류를 갖고 들어왔다.[9] 1990년대 중반 대기근이 닥쳤을 때 화교는 중요 음식물까지 수입하기 시작했다.

그 결과 북한 사람들이 최악의 시련기를 겪는 동안 북한 화교들은 부와 지위의 상승을 누렸다. 이들의 운명은 두 나라의 운명이 바뀌는 것과 완벽하게 조응했다. 심지어 북한이 시장화로 치닫는 지금까지도 화교는 이점을 유지할 수 있다. 돈도 더 많고 중국 내 연계망도 더 좋은 덕분에 다른 교역상보다 유리한 출발점에서 시작할 수 있는 것이다.

화교는 또한 북한 정부가 주민들에게 차단하려고 안간힘을 쓰는 상품과 정보의 믿을 만한 공급원이다. 다른 북한 교역 상인과 마찬가지로 한국과 미국, 중국산 영화와 연속극이 담긴 DVD를 들여온다. 한편, 화교는 1990년대에 북한 지역의 무덤과 고고학 유적지에서 훔친 고대 유물을 불법 수출하는 데서도 주요 실력자였다. 지방 사람들은 1,000년도 더 된 고려청자 화병을 50달러에 넘겨주지만, 이게 중국을 거쳐 서울에 도착하면 가격이 5,000달러 이상으로 뛰었다. 엄청나게 수익이 큰 사업이었다. 이런 불법 거래에 대해서는 북한 당국도 격분했다. 그런 예술품의 도굴꾼과 거래상은 자주 처벌을 받았다.

게다가 화교는 외국 시민권자이기 때문에, 북한 주민에게는 필수인 선전 강좌에 출석하지 않아도 됐다. 심지어 자녀들을 북한 학교에 보내지 않아도 됐다. 채널 조정이 자유로운 라디오를 가질 수 있었고 방송도 마음대로 들었다. 그러니 화교는 깬 사람들이라고 불릴 수밖에 없었다. 중국을 자유롭게 방문할 수 있기 때문에 이들은 북한 당국이 주민의 생활수준을 개선하려면 무엇을 해야 하는지 잘 알고 있다. 이들이 접촉하게 되는 북한 사람도 이런 사실을 쉽게 깨닫게 된다.

어떤 면에서 북한 사람들에게 흘러드는 중국에 대한 지식은 한국을 아는 것보다 훨씬 더 전복적이다. 북한 주민 대부분이 이미 한국은 자기네보다 훨씬 더 부유하다는 걸 아는 상황에서도 당국이 아직 한국을 미국의 꼭두각시라 부르고 영혼을 판 나라로 낙인찍는 게 가능하다. 반면에, 중국은 비슷한 경제 체제를 가진 형제국이었다. 과거에는 헐벗었던 중국인들은 사회주의 경제 체제를 버림으로써 거대한 진전을 경험해 왔다. 이제 북한 사람들보다 훨씬 더 번창하는 삶을 영위하고 있다. 북한 사람으로서는 이러한 변화가 특별히 더 속이 쓰린 일이다. 이제 북한의 빈곤이 자연재해나 자국의 지정학적 상황의 결과라는 정부의 거짓 주장을 점점 믿지 않으려 한다. 아마도 이런 이유 때문에 이제는 정부가 화교에 대한 감시와 사업 활동에 대한 단속을 강화하고 있다는 말이 들려온다.

주석

1   북한은 사실상 '공산주의'라는 상표를 거의 완전하게 피하는 대신 마르크스 철학을 자기식으로 변조하고 '주체'라는 형식을 정립하는 데 초점을 맞춰 왔다. 김일성광장의 마르크스와 레닌 초상화는 2010년대에 제거됐지만 옛 소련에서 자란 사람이 지금 평양 거리를 지나게 되면 아마 타임머신을 타고 온 것처럼 느낄 것이다.

2   한국에는 옛날 북한 땅 문서를 가지고 있는 사람이 많다. 재통일이 되면 이 수많은 권리 주장을 어떻게 다룰 것인지가 중요한 문제로 대두될 것이다.

3   미국 싱크탱크인 브루킹스 연구소의 오공단 박사는 40퍼센트가 보다 현실적인 수치일 수 있다고 말했다.

4   흥미롭게도 김경희와 장성택은 여기서 예외였다. 장성택은 상대적으로 '평범한' 집안 출신이었다. 그래서 김일성은 둘의 결합을 반대했다. 하지만 김경희는 아버지의 말을 듣지 않았고 결국 김일성은 마지못해 낮은 계급의 사위를 받아들였다. 김정일 자신의 배우자 선택에도 작은 문제가 있었다. 김정은의 생모인 고영희의 부친은 수년간 일본에서 살았고 심지어 일본 전쟁부 소유의 공장에서 근무했다. 김정일의 모친 김정숙과 달리, 고영희를 어떤 식으로든 국모급 인물로 만들려는 노력은 실패했는데, 여기에는 그녀가 적대 계급 출신이었다는 이유도 일부 작용했다.

5   한국을 설명할 때 종종 그렇듯이 앞에 '거의'라는 단서를 붙여야만 한다. 과거 일제시대 부역자들은 미군 행정청과 이승만 정부에게서 혜택을 얻을 수 있었다.

6   거듭 말하지만 이런 종류의 정실주의가 북한에만 있는 것은 아니다.

7   영화 「웰컴 투 동막골」(2005)에서 볼 수 있듯이, 한국의 강원도 사람 역시 가끔 순박하고 순진한 시골 사람으로 간주된다.

8   옛날식 지주제가 사라진 것 외에, 북한의 시골 생활은 실제로 100년 전 모습과 아주 유사하다. 농부들은 소로 밭을 갈고 손으로 땅을 판다. 비료는 드문 사치품이다. 평양과 달리, 혹은 이 점에서는 서울과도 달리 공동체와 가족 생활은 아직도 긴밀한 관계를 이룬다. 흥미로운 건 앞으로 10~20년이 지나서 과거를 돌아봤을 때 북한 개혁의 최첨단

에 농민이 있었다는 사실을 깨닫게 될 가능성이 있다는 분석이다. 2012년에 처음 발표된 '6·28 지침'에 따라 농민들은 이제 소출의 30퍼센트를 본인이 가지게 됐다. 보도에 따르면 그 후로 생산량은 크게 올랐다. 덩샤오핑이 앞서 사용한 제도이니 아마 덩샤오핑은 지지했을 것이다.

9 이 점에 관한 더 자세한 사항은 안드레이 란코프의 논문 「북한의 중국인 공동체」에서 확인할 수 있다. http://www.koreatimes.co.kr/www/news/opinion/2009/02/166_13968.html

북한은 붕괴할까?

북한 사람이 대열에서 이탈할 경우 직면하게 될 위협은 아마도 오늘날 세계에서 가장 잔인하다고 여겨질 형벌 체계다. 하지만 대기근의 여파로 북한의 사회계약은 완전히 무너졌으며, 그로 인해 북한 주민들은 경제적, 사회적 행동에 대한 정부의 규정을 무시할 가능성이 점점 커지고 있다. 더구나 복종을 강제하는 것이 임무인 관리들마저 일반 시민 못지않게 규정을 어기는 현실이다. 일반적으로 북한에서는 어떤 문제가 생기더라도 뇌물이면 모두 해결이 된다.

북한의 새로운 '시스템'은 불공정하며, 다윈의 적자생존 방식이다. 하지만 적어도 평균적인 시민에게 삶의 주체라는 느낌과 미미하기는 하나 스스로 생계를 이어 갈 수 있는 기회를 제공한다. 더구나 이제는 꽤나 자리를 잡은 시스템이어서 정부 자신도 원하든 원하지 않든 거기에 적응을 해야만 하는 상황이다. 가령 국영 제강공장에서 시장 물가를 반영한 월급을 지급한다든지, 농부들이 생산물의 일부를 갖도록 허용한다든지, 국가가 지정한 직장 이외의 수단으로 먹고사는 것을 허용하고, 그럼으로써 자기 개인 사업을 운영할 수 있게 하는 조치들이 모두 그런 맥락에서 나온 것이다. 북한 정부로서도 이런 길을 따를 수밖에 없다고 느낀다. 이런 분위기는 북한이 국가 선전물에서 주민을 위한 번영과 소비주의의 새 시대를 소리 높여 이야기해야 한다고 말하는 데서도 느껴진다.

북한 정부는 기본적으로 파산 상태다. 상당수 북한 주민이 볼 때 공공배급체계는 사망했다. 시장화만이 북한을 새로운 재앙에서 지켜 주는 유일한 방책이다. 따라서 북한 정부 입장에서도 붕괴를 피하기 위해 최소한의 수준에서라도 시장화를 받아들일 필요가 있다. 이제 눈덩이는 굴러가기 시작했고, 이게 어디서 멈출지는 아무도 알 수 없다.

그럼에도 불구하고 우리는 북한 정권 붕괴 가능성에 대해서는 여전히 회의적이다. 상당수의 북한 관측통은 수십 년 동안 북한의 붕괴와 한국정부하의 재통일을 예측해 왔지만 모두 빗나갔다. 앞에서 언급한 것처럼 북한의 정치적 통제력은 여전히 건재하다. 북한 정권에 대한 어떤 도전도 극도의 무자비함으로 응징된다. 더구나 일반적으로 봤을 때 새로운 신흥 자본가 계급은 기존 엘리트를 전복하기보다, 결혼과 사업적 유착을 통해 엘리트 계급에 편입하려 든다. 그리고 기존 엘리트도 새로운 사업 기회를 가장 많이 누릴 수 있는 지위에 있기 때문에, 이 권력 집단의 일원들은 체제를 전복하지 않는 데 강한 이해관계가 걸려 있다.

표면적으로는 체제 불안을 드러낸 장성택의 처형 사건이 있고 난 후에도 북한 체제가 벼랑에 처해 있다는 증거는 별로 보이지 않는다. 김정은의 권력 승계는 완료됐으며 이제 그를 지지하는 선전물은 북한 어디서나 볼 수 있다. 그를 둘러싼 파워 그룹 연합체가 국가 통제권을 장악한 상태다. 물론 파악 가능한 두 집단, 북한 권력의 핵심부를 형성하는 노동당 조직지도부와 김씨 일가 중에서 어느 쪽이 우위를 점하고 있는지, 두 집단 사이의 관계가 현재 어떤 상황인지 말하기는 어렵다. 하지만 그 외에는 다른 어떤 집단도 여기에 도전할 만한 조직력을 갖고 있지는 못하다고 우리는 말할 수 있다. 우울하게 들릴지 모르겠지만 북한의 혼란 여부는 그들에게 달렸다.

동시에 북한이 처해 있는 보다 광범위한 지정학적 환경이 놀랄 만큼 잘 균형 잡혀 있다. '미치광이' 평양이 한국이나 심지어 미국에 핵 공격을 벌일 수도 있다는 인식이 퍼져 있음에도 불구하고 북한 지도부는 그런 자살 공격을 고려할 아무런 동기가 없다. 북한 지도부에 대해서는 여러 가지 해석이 가능하다. 하지만 비이성적인 것은 아니다. 더구나 미국과 한국 역시 북한에 대한 공격을 자제할 분명한 동기가 있다. 그중에서 가장 중요한 것은 북한의 핵 프로그램과 중국의 현상유지 지지다. 중국 정부는 최근 북한 정부를 불만스럽게 여길 수 있다. 하지만 북한이 지금처럼 존재하는 게 중국의 전략적 이익에 부합한다. 게다가, 북한에 대한 제재가 북한을 한계점까지 몰아갈 수 있다고 주장하는 사람들은 그동안 수년간 계속된 제재에도 평양에 사치품이 넘쳐나고 나아가 경제성장을 구가하고 있다는 사실을 간과하고 있다.

그렇기 때문에 우리는 단기 혹은 중기적으로 볼 때 북한에 일어날 가능성이 가장 큰 시나리오는 현 정권 지배하에서의 점진적인 국가 개방이라고 믿는다. 하지만 지금은 이윤을 추구하는, 그러면서도 여전히 봉건적이고 전통적인 '사회주의 낙원' 북한은 오래전부터 바깥세계를 놀라게 할 힘이 있었다. 앞으로 10~20년 후 북한이 어떤 모습일지 진정으로 아는 사람은 아무도 없다. 그때까지 우리는 당혹감과 희망이 뒤섞인 심정으로 계속 지켜볼 따름이다.

　2006년 이맘때였다. 쿠바의 카스트로가 쓰러졌다는 긴급 속보가 들려왔다. 그때 나는 브라질 상파울루에 있었다. 직책이 중남미 특파원이었으니 내 관할 지역의 빅뉴스였다. 곧바로 짐을 쌌다.

　피델 카스트로 국가평의회 의장이 장출혈로 수술을 받고 권력을 동생 라울 카스트로 국방장관에게 이양키로 했다는 속보는 가면서 들었다.

　아바나의 관문인 호세 마르티 국제공항 입국 심사대는 이미 경계 태세였다. 사전에 연락을 주고받은 쿠바 안내인이 일러준 대로 '관광 중인 학생'이라고 둘러대고 통과했다. 내 뒤로 발이 묶인 채 모여 있던 NBC 카메라맨을 비롯한 외신 기자들의 부러운 눈초리가 느껴졌다.

　쿠바는 그때가 처음이었다. 시내는 삼엄했다. 카스트로 유고 발표 나흘 째. 앞날은 오리무중이었다. 취재로 동분서주하던 중에 본 북한 대사관이 아바나 시내 가장 목 좋은 곳에 자리 잡고 있는 것도 인상적이었다.

국내로 송고한 르포는 다음 날 1면 머리기사로 나갔다. 갑자기 쿠바 안내인이 일정을 앞당겨 출국하는 게 좋겠다고 했다. 정부 쪽 사람으로부터 한국 기자 색출령이 떨어졌다는 말을 들었다며 자기도 더 이상 안전을 책임질 수 없다는 말을 덧붙였다.

카스트로는 그 후에도 10년을 더 살다가 작년 말에야 세상을 떴다. 아바나의 짧은 체류 기간 동안 참 많은 것을 볼 수 있었고 칼럼으로도 썼다. 일부를 옮겨본다.

아바나에 머무는 동안 한 쿠바인으로부터 발레 공연에 초대받았다. 차이콥스키 원작의 〈백조의 호수〉. 아내가 주인공인 오데트 역을 맡았다며 무료 좌석권을 흔들어 보였다. 표를 사야 했다면 나 같은 외국인은 20CUC(달러와 교환해 쓰는 화폐 단위로 1달러=0.9CUC)를 물어야 했다. 반면 쿠바인은 불과 5페소(0.2달러). 주말이면 이런 공연을 누구나 부담 없이 즐길 수 있다고 했다. 흥미로운 것은 그다음 일이었다.

함께 초대받은 쿠바인이 꽃다발을 준비해야겠다며 어디론가 사라졌다. 그리 크지 않은 꽃 한 다발을 들고 나타난 그에게 값을 묻자 "20달러"라고 했다. '5페소짜리 공연에 꽃값이 100배가 넘는다니….' 평균 월급이 12달러 선이라면서 어떻게 꽃값으로 20달러를 쓸 수 있는지도 알 수 없었다. 수수께끼는 이곳의 일상을 하나둘 접하면서 풀려 나갔다.

47년 공산 체제의 한계를 깨달은 쿠바인들은 나름의 자본주의식 생존 논리를 생활에 적용하고 있었다. 대부분이 페소로 받는 공식 임금 외에 '외화 주머니'가 따로 있었다. 가장 일반적인 방법은 외국(합자) 회사에 취직·거래하거나 외국인 관련 부업을 갖는 것. 실제 한 외국 업체의 운전사는 명문 아바나대학의 경제학과 출신이었고, 노점시장 에서 만난 그림장수는 아바나대 영문과 교수 출신이었다. 한 현직 아 바나대학 교수는 자기 월급보다 아내의 관광사업 수익 덕에 '인간다운 생활'을 유지한다고도 했다.

또 다른 외화 고소득층은 해외파인 학자나 문화·예술 종사자들. 학회·강연·공연 등을 통해 외화를 수중에 넣는다. 모든 수입은 당 국에 신고하게 돼 있지만 '준법정신'은 '생활의 필요'에 밀려난 지 오 래다. 연금생활자인 노인들까지 신문팔이로 '재미'를 본다. 1부에 5센 트(페소화)인 관영신문 「그란마」를 사다가 외국인에게 1달러씩만 받고 팔아도 20배가 남는다. 젊은 여성들이 외국인이 출몰하는 곳을 서성 이며 애써 눈 맞추려는 것도 웬만한 직장 몇 달치 외화가 하룻밤에 떨 어지기 때문. 쿠바인은 호텔 출입이 금지돼 있지만 가정집들은 달러벌 이를 위해 공공연히 숙박을 일삼는다.

쿠바혁명 반세기, 호기롭던 사상은 사회 내부에 깊이 스며든 시장 의 '보이지 않는 손'에 힘을 잃은 지 오래인 것처럼 보인다. 세계에 남 은 5개 공산국 중의 하나라는 쿠바. 껍질은 사회주의지만 그 속살은 외환이라는 피로 수혈받는 '천민(賤民)자본주의'의 몸을 하고 있었다.

나는 그때 취재하던 중에도 내내 북한을 떠올렸다. 이 책을 읽으면서 데자뷔를 체험하는 것 같았다. 나는 그때 쿠바의 속살을 보았고, 이 책의 영국인 기자들은 북한의 내막을 들여다 본 것이다.

여기 마지막 남은 '우리 식 사회주의' 국가의 실상을 담은 책을 독자들께 내보낸다. 번역까지 맡게 된 것은 비아북 한상준 대표의 돌연한 제안 때문, 아니 덕분이었다. 그와는 오래전 존 미어샤이머의 『왜 리더는 거짓말을 하는가』를 처음 번역 출간하면서 알게 된 사이다. 그때 번역 후기를 꽤나 길게 쓴 기억이 난다. 한반도를 둘러싼 미중 강대국의 대결이 필연적이라는 미어샤이머의 통찰을 이야기하고 싶었다. 공교롭게도 지금 우리가 직면한 지정학적 상황은 여전히 그의 분석 틀 안에서 맴돌고 있다.

마침 오늘이 6·25 전쟁 정전 기념일이다. 북한에서는 조국해방전쟁 승리 기념일로 자축한다. 그 자축의 쇼가 미사일 시험 발사가 될 거라는 뉴스도 들려온다. 작년 말부터 계속되고 있는 '북한 발 뉴스'다. 언제부턴가 이런 뉴스도 의례적인 것이 돼버렸다. 우리 정부를 비롯한 관련국의 반응도 대동소이하다. 국민은 굶주리게 하면서 핵무기 개발에 혈안이고 허구한 날 군사 도발만 일삼는 비정상국가와 그에 대한 규탄과 압박, 그리고 도돌이표. 정작 저 너머 보통 사람들이 하루하루를 어떻게 살아가는지에 대해서는 잘 알지도 못하고 딱히 관심들도 없다.

이상하지 않은가. 북한을 우리의 최대 안보 위협으로 보든, 미래 통일국가의 동반자로 보든 실상에 대한 이해는 선결 요건 아닐까. 이 책을 읽다 보면 여러 장면에 시선이 머무르게 된다. 북한이 미국의 벙커버스터에 대한 대비는 세웠을지 모르지만, 안에서 자생적으로 커가는 장마당이 뜻밖의 체제를 흔드는 '벙커버스터'가 될지도 모를 일이다. 한국의 군부독재도 미국의 무력 압박이 아니라 구호와 지원, 포교가 오래 더해진 끝에 의식 있는 시민중산층의 성장으로 민주화했다고 하면 무리한 해석일까.

모쪼록 남북한이 끝 모를 군사 대결보다 국민을 위한 체제 경쟁으로 나아갔으면 좋겠다. 우리도 적정한 대북 억지력을 유지한 채 내부 성장과 개혁에 주력하는 것이 옳지 않을지. 그것이 남북의 평화 공존을 위해서나 궁극적인 한반도 통일국가의 성취를 위해서나 바람직한 길처럼 보인다.

우리의 취약점 중 하나가 현실주의다. 정치에서 그렇고 국제 정치에서 그렇고 남북관계에서 특히 그렇다. 보고 싶은 대로 보고, 바라는 대로만 보고, 봐오던 대로만 봐오던 것을 이제 한 번쯤 탈피해보면 어떨까. 이 책은 상투적인 북핵 보도의 운무에 가려져 온 북한 사회의 실상을 들여다볼 수 있는 좋은 입문서가 될 수 있을 거라고 믿는다. 올 상반기 다른 일을 미뤄두고 번역에 매달린 이유다.

2017년 7월 27일

전병근

장진성(2014). 『경애하는 지도자에게』, *Dear leader*, 서울: 조갑제닷컴. (원본발간 2014년).

B. R. Myers(2011). 『왜 북한은 극우의 나라인가?』, *The Cleanest Race: How North Koreans See Themselves and Why It Matters*, (권오열, 고명희 역), 서울: 시그마북스. (원본발간 2011년).

Bruce Cumings(2001). 『브루스 커밍스의 한국현대사』, *Korea's Place in the Sun: A Modern History*, (이교선 외 역), 파주: 창비. (원본발간 1998년, 개정 2005년).

Robert Collins(2012). *Marked for Life: Songbun, North Korea's Social Classification System*, The Committee for Human Rights in North Korea.

Patrick McEachern(2011). *Inside the Red Box: North Korea's Post-totalitarian Politics*, Columbia University Press.

Stephan Haggard&Marcus Noland(2009). *Famine in North Korea: Markets, Aid, and Reform*, Columbia University Press.

Andrei Lankov(2007). *North of the DMZ: Essays on Daily Life in North Korea*, McFarland.

Kang Hyok(2007). *This is Paradise!*, Abacus.

Bradley K. Martin(2004). *Under the Loving Care of the Fatherly Leader: North Korea and the Kim Dynasty*, Thomas Dunne Books.

Nat Kretchun&Jane Kim(2012). "A Quiet Opening: North Koreans in a Changing Media Environment," InterMedia.

조선자본주의공화국

지은이 | 다니엘 튜더 · 제임스 피어슨
옮긴이 | 전병근

초판 1쇄 발행일 2017년 8월 18일
초판 2쇄 발행일 2017년 9월 15일

발행인 | 한상준
편집 | 김민정, 윤정기
마케팅 | 강점원
표지 디자인 | 조경규
본문 디자인 | 김성인
종이 | 화인페이퍼
제작 | 제이오

발행처 | 비아북(ViaBook Publisher)
출판등록 | 제313-2007-218호(2007년 11월 2일)
주소 | 서울시 마포구 연남동 월드컵북로6길 97(연남동 567-40) 2층
전화 | 02-334-6123 팩스 | 02-334-6126 전자우편 | crm@viabook.kr
홈페이지 | viabook.kr

ⓒ 다니엘 튜더 · 제임스 피어슨, 2017
ISBN 979-11-86712-49-8 03340